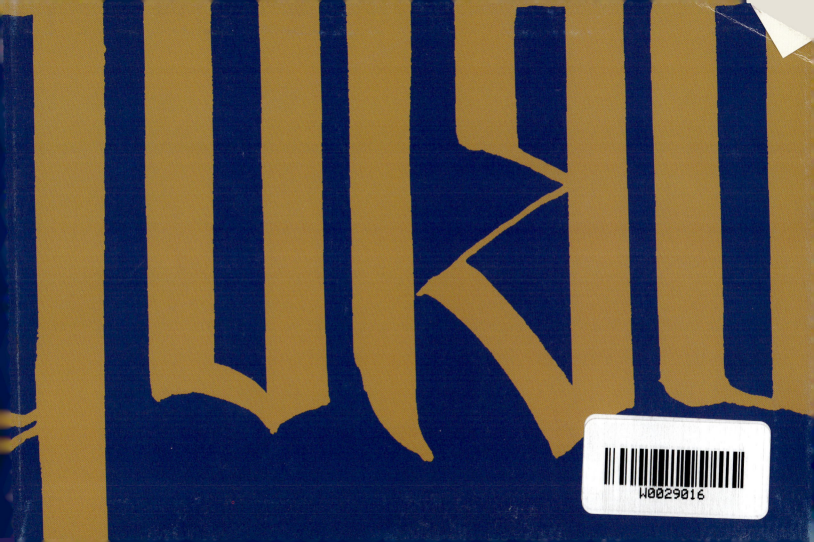

Olivier & Danielle Föllmi

Offrandes

365 PENSÉES DE MAÎTRES BOUDDHISTES

Bouddha Shakyamouni - Pema Chödrön - Sa Sainteté le XIVe dalaï-lama - Arnaud Desjardins - Dilgo Khyentsé Rinpotché - Dudjom Rinpotché - Joseph Goldstein - Lama Anagarika Govinda - Kalou Rinpotché - Jack Kornfield - Milarepa - Matthieu Ricard - Sharon Salzberg - Shabkar - Shantideva - Sogyal Rinpotché - Chögyam Trungpa

Éditions
de La Martinière

L'ORDRE DE L'UNIVERS
DU 1ᵉʳ JANVIER AU 11 FÉVRIER

Le miracle de notre vie
La loi de l'impermanence
Le sablier du temps
L'inéluctable réalité
Honorer notre destinée
Les étapes d'une vie

GRAINE DE VIE
DU 12 FÉVRIER AU 18 MARS

Naître Bonté
Être le changement
À l'écoute de nos sens
Le résultat de nos actes
Devenir libre et responsable

GERMER
DU 19 MARS AU 29 AVRIL

Le corps, support de l'esprit
La parole, serviteur de l'esprit
L'esprit, foyer d'émotions
Canaliser ses émotions
Clarifier son esprit
Affiner sa Connaissance

EAUX TROUBLES
DU 30 AVRIL AU 10 JUIN

Le sens d'une vie
Ouvrir les yeux
Reconnaître nos peurs
Dompter la peur
Dans la tourmente des épreuves
Transformer les épreuves

ÉCLORE
DU 11 JUIN AU 15 JUILLET

Les chaînes de la souffrance
Fausses pistes
Désirs et tentations

La dictature de l'ego
S'affranchir de l'ego

CROÎTRE
DU 16 JUILLET AU 2 SEPTEMBRE
Combattre les dépendances
Modérer ses habitudes
Renoncer à l'insatisfaction
S'alléger
Épouser les changements
Oser vivre
Offrandes

FLEURIR
DU 3 SEPTEMBRE AU 14 OCTOBRE
Retrouver la bonté
Chercher la paix en soi
Apprendre à s'aimer
Vivre à deux

S'ouvrir à son prochain
Tendre la main

SEMER
DU 15 OCTOBRE AU 9 DÉCEMBRE
Embryon de société
Notre famille humaine
La racine des conflits
Cesser la guerre
Pour une société plus juste
L'esprit d'humanité
Pour le bien de tous les êtres
La terre, notre jardin

S'ÉPANOUIR
DU 10 DÉCEMBRE AU 31 DÉCEMBRE
S'unir à l'univers
Chant de la plénitude
Éveil

À Tenzin Motup, Tenzin Diskit, Nyima Lhamo

Petite bourgade dans la plaine aride de l'Inde, Bodhgaya est le haut lieu des bouddhistes. En janvier 2002, assis en tailleur autour de l'arbre sous lequel Bouddha a atteint l'Éveil, des milliers de moines vêtus de leur toge garance entonnent d'une voix grave des prières pour la paix de notre monde. Rassemblés autour d'eux, trois cent mille pèlerins descendus de toutes les vallées de l'Himalaya les accompagnent, le rosaire à la main.

C'est ici, devant l'arbre de Bouddha, dans la ferveur bouleversante émanant de cet immense chœur, que l'idée d'*Offrandes* a germé : faire rayonner cette volonté de paix qui prend sa source en chacun de nous.

Tharpa Tsering et Pema Yangdun, nos enfants tibétains.

Offrandes recueille les messages de maîtres du bouddhisme tibétain, d'écoles et d'époques variées, et les pensées de leurs disciples occidentaux inspirés par leurs enseignements. Cinquante-deux thèmes abordent en autant de semaines, la racine de nos tourments, le développement de l'être, du couple, de la famille, de la société puis de l'humanité. Une image clôt la semaine pour une pause méditative.
Les photographies d'*Offrandes* reflètent la richesse et la diversité de l'Himalaya bouddhiste, du Tibet, de l'Inde, du Bhoutan et du Népal.
Puisse *Offrandes* contribuer à aider chacun de nous sur son chemin d'Éveil.

Danielle et Olivier Föllmi

On n'entreprend pas un voyage dans l'Himalaya

sans s'assurer des services d'un guide

qui connaît les chemins séculaires.

Jack Kornfield

1er janvier

Renaître homme
n'est pas chose facile et c'est aussi rare
que pour une tortue borgne et solitaire nageant sous la surface des océans,
de remonter tous les cent ans en passant la tête
par l'orifice d'un joug de bœuf flottant, isolé dans le vaste océan.

Bouddha Shakyamouni

2 janvier

Écoutez ! Dans nos vies futures,
il sera difficile de retrouver cette précieuse condition humaine,
dotée de tous les privilèges de la liberté.
Le moment de notre mort est imprévisible.
Qui sait ? Peut-être mourrons-nous ce soir.

Shabkar

3 janvier

La vie est fragile,

à l'image de la rosée délicatement suspendue aux herbes,

en gouttes de cristal qu'emporte la première brise du matin.

Dilgo Khyentsé Rinpotché

4 janvier

Nous n'aurons plus la possibilité
de retrouver ultérieurement un corps semblable.

Kalou Rinpotché

5 janvier

Quand trouverai-je de nouveau l'apparition d'un bouddha,
la foi, la condition humaine, l'aptitude à la pratique du bien,
toutes choses si difficiles à obtenir ?

Shantideva

6 janvier

Attachons-nous à reconnaître le caractère si précieux de chaque journée.

Le XIVᵉ dalaï-lama

8 janvier

Tels les oiseaux qui s'assemblent
Au sommet des arbres la nuit,
Et s'éparpillent dans toutes les directions, l'aube venue,
Les phénomènes sont impermanents.

Shabkar

9 janvier

Il n'y a rien qui soit permanent :
le soleil et la lune se lèvent puis se couchent,
au jour clair et transparent succède la nuit sombre et opaque.
Tout change, d'heure en heure.

Kalou Rinpotché

10 janvier

L'impermanence est un principe d'harmonie.
Quand nous ne luttons pas contre elle,
nous sommes en harmonie avec la réalité.

Pema Chödrön

11 janvier

Tout l'enseignement bouddhiste pourrait se résumer en quelques mots :

« Il n'en est pas toujours ainsi. »

Pensée citée par Jack Kornfield

12 janvier

Prendre pour permanent
ce qui n'est que transitoire
est comme l'illusion d'un fou.

Kalou Rinpotché

13 janvier

La conscience de l'impermanence,
couplée avec la prise en compte de l'énorme potentiel de l'existence humaine,
nous confère un sens de l'urgence.

Le XIVe dalaï-lama

15 janvier

Comme le voyageur s'arrête au gîte d'étape,
ainsi l'être qui fait le voyage de l'existence séjourne dans une vie.

Shantideva

16 janvier

Cet outil, notre corps,

n'est mis à notre disposition que pour une brève durée :

cette vie.

Dilgo Khyentsé Rinpotché

17 janvier

Comme un habit s'use avec le temps pour tomber en lambeaux,
la vie s'épuise de jour en jour, seconde après seconde.

Dilgo Khyentsé Rinpotché

18 janvier

Notre vie est comme un sablier qui ne s'arrête jamais…

Chaque instant suit l'autre sans répit.

D'instant en instant, la vie s'épuise :

nous sommes bébé, puis adulte, puis vieux et mort,

chaque instant suit l'autre sans répit.

Notre vie est comme une bulle d'eau ou une chandelle ;

l'impermanence et la mort sont comme le vent !

Kalou Rinpotché

19 janvier

Réalisons la valeur infinie et la brièveté de la vie.

Jack Kornfield

20 janvier

Si nous sommes aussi pragmatique que nous prétendons l'être,

pourquoi ne pas commencer à nous demander sérieusement

où se trouve notre véritable avenir ?

Sogyal Rinpotché

22 janvier

Nous sommes tous en train de mourir, ce n'est qu'une question de temps.
Certains d'entre nous meurent simplement plus tôt que d'autres.

Dudjom Rinpotché

23 janvier

Le jour de votre naissance, vous avez commencé à mourir :

ne perdez plus un seul instant !

Dilgo Khyentsé Rinpotché

24 janvier

Revenir au point de départ, rien que le minimum de l'essentiel.

Se détendre dans le moment présent, se détendre dans l'absence d'espoir,

se détendre avec la mort, ne pas s'opposer au fait que les choses ont une fin,

que les choses passent, qu'elles n'ont pas de substance durable,

que tout change tout le temps — c'est cela le message de base.

Pema Chödrön

25 janvier

La mort n'est ni déprimante ni séduisante,
elle est tout simplement une réalité de la vie.

Sogyal Rinpotché

26 janvier

Terrible ou pas, difficile ou pas,
ce qu'il y a de beau, de noble, de religieux, de mystique,
c'est d'être heureux.

Arnaud Desjardins

27 janvier

Je me demande pourquoi
nous ne pratiquerions pas le temps de ces quelques instants
où nous avons emprunté notre corps à la mort.

Dilgo Khyentsé Rinpotché

29 janvier

Si tu ne sais pas faire bon usage de cette naissance libre et précieuse,
À quoi bon jouir d'un corps humain ?

Shabkar

30 janvier

Il nous faut bien utiliser cette vie pendant le temps qu'il nous reste,
bref instant lumineux,
semblable à celui où le soleil perce à travers les nuages.

Kalou Rinpotché

31 janvier

La réussite de notre vie spirituelle ne peut jamais être affaire d'imitation,
elle doit briller par l'intermédiaire des dons et des aptitudes personnels
de l'homme ou de la femme que nous sommes ici-bas.
C'est là que réside la perle inestimable.

Jack Kornfield

1er février

En honorant notre destinée unique,
nous permettons à notre vie la plus intime de devenir
une expression du Bouddha sous une forme nouvelle.

Jack Kornfield

2 février

Chaque individu apporte au monde sa contribution unique.

Jack Kornfield

3 février

La première chose sur laquelle il faille méditer est
notre « précieuse existence humaine libre et qualifiée »
difficile à obtenir et facilement détruite.
Je vais, maintenant, lui donner un sens.

Kalou Rinpotché

5 février

Lorsque nous respectons les cycles naturels de la vie,
nous découvrons que chaque étape porte en elle sa dimension spirituelle.
Chaque étape apporte sa part d'expérience et de sagesse.

Jack Kornfield

6 février

C'est au début de notre existence,
dans l'incomparable douceur et le sentiment d'unité vécus dans le sein maternel,
que nous découvrons la fraîcheur du premier regard sur le monde,
de la première perception et du premier contact ; nous découvrons
la sensation physique immédiate associée à nos cinq sens et à nos besoins.
Il est essentiel de réveiller cette immédiateté,
de regagner une confiance spontanée et entière en ce que nous savons et ressentons.

Jack Kornfield

7 février

C'est dans l'enfance que bien des gens font leur première expérience spirituelle, celle d'un lien inné et naturel avec le sacré. La joie, l'esprit ludique et la curiosité que nous avons connus alors peuvent devenir le point de départ d'une redécouverte émerveillée. Si notre relation avec nos parents est empreinte d'amour et de respect, elle nous servira de modèle et de fondement, et toutes nos autres relations reposeront elles aussi sur la confiance et le respect.

Jack Kornfield

8 février

L'adolescence,

avec son sens de la révolte et de l'indépendance,

apporte la détermination de trouver la vérité par soi-même,

ne laissant prévaloir la parole de personne sur sa propre expérience.

Jack Kornfield

9 février

La vie adulte
apporte naturellement sa part d'ouverture et de tâches spirituelles.
Nous devenons plus responsable et plus attentionné envers
notre famille, notre collectivité, le monde où nous vivons.
Nous découvrons la nécessité d'être lucide et nous ressentons un désir profond
d'accomplir ce pour quoi nous nous sentons appelé.
Avec la maturité, nous devenons spontanément plus contemplatif.
Nous nous sentons poussé intérieurement à rechercher des périodes de réflexion,
à prendre du recul, à rester au diapason de notre cœur.

Jack Kornfield

10 février

À mesure que nous prenons de l'âge,
ayant assisté à de nombreux cycles de naissance et de mort,
nous acquérons de la sagesse et du détachement.

Jack Kornfield

12 février

Quand nous buvons le lait maternel, la compassion se manifeste en nous.
Cet acte est un symbole d'amour et d'affection
qui jette les bases de toute notre vie.

Le XIVe dalaï-lama

13 février

Pour que la « petite graine de la compassion »,
naturelle et essentielle, puisse germer et croître en lui,
cet être ne demande qu'un environnement adéquat.

Le XIVe dalaï-lama

14 février

L'éducation devrait être dispensée en harmonie avec la nature essentiellement bonne de l'enfant.

Le facteur essentiel est de l'élever dans un climat d'amour et de tendresse.

Bien que, dans une perspective idéale, il faille que

les qualités humaines se développent en parallèle avec la bonté,

s'il fallait choisir entre des qualités générales et la bonté, il faudrait choisir cette dernière.

Le XIVe dalaï-lama

15 février

La véritable essence de l'être humain est la bonté.
Il existe d'autres qualités provenant de l'éducation, du savoir,
mais il est essentiel,
si l'on veut devenir un véritable être humain et donner un sens à son existence,
d'avoir un cœur bon.

Le XIVe dalaï-lama

16 février

Réfléchir à l'immensité des potentiels qui gisent au plus profond de notre être,
comprendre que la nature de l'esprit est fondamentalement pureté et bonté,
et méditer sur sa luminosité permettront de développer confiance en soi et courage.

Le XIVᵉ dalaï-lama

17 février

Nous pouvons nous éveiller
à la bonté fondamentale, notre droit de naissance.

Pema Chödrön

19 février

Qui suis-je ?

À qui appartient ce corps ?

Jack Kornfield

20 février

L'esprit produit une illusion dominante

qui est celle d'exister par ce corps que nous considérons comme nôtre.

Kalou Rinpotché

21 février

Nous voyons que la vie,

celle de notre esprit comme celle de notre corps,

est en état de transformation et de flux incessants.

Un changement radical est toujours possible.

À chaque instant — et cette expression n'est pas à prendre dans un sens

purement poétique ou figuratif, mais littéral —, à chaque instant nous mourons

et renaissons, nous-même et tout ce qui vit.

Sharon Salzberg

22 février

Selon Bouddha, la vie humaine se compose d'une série
de processus perpétuellement changeants : un processus physique, un processus psychique,
un processus de mémoire et de reconnaissance, un processus de pensée
et de réaction et un processus de conscience. Ils sont dynamiques et ininterrompus,
et nous n'y trouverons pas un seul élément que l'on pourrait désigner
comme notre moi immuable. Nous sommes, nous-même, un processus tissé
dans la trame de la vie, sans séparation.

Jack Kornfield

23 février

Sans doute la raison la plus profonde de notre peur de la mort
est-elle que nous ne savons pas qui nous sommes.
Nous croyons en une identité personnelle, unique et distincte ;
pourtant, si nous avons le courage de l'examiner de près,
nous nous apercevrons que cette identité est entièrement dépendante d'une liste interminable
de données, telles que notre nom, l'histoire de notre vie, nos compagnons,
notre famille, notre foyer, notre travail, nos amis, nos cartes de crédit…
C'est sur leur soutien fragile et éphémère que nous nous reposons pour assurer notre sécurité.

Sogyal Rinpotché

24 février

Lorsque nous examinons le corps, la parole et l'esprit,
nous essayons vainement d'y trouver quoi que ce soit de permanent.
La notion de personne n'est valide et saine que si nous la considérons
comme étant un aspect particulier de l'interdépendance globale.

Matthieu Ricard

26 février

Notre situation peut être perçue comme le paradis ou l'enfer :
tout dépend de notre perception.

Pema Chödrön

27 février

Nos cinq sens correspondent à des ouvertures
par lesquelles nous recevons toutes les perceptions
qui se transforment ensuite en conceptions, en idées.

Arnaud Desjardins

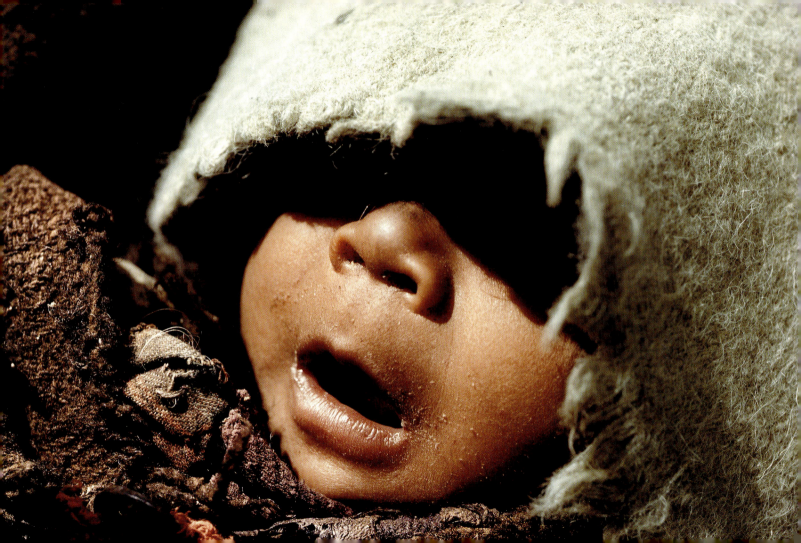

28 février

La confiance est intimement liée
à l'adéquation entre nos perceptions et la réalité.

Matthieu Ricard

1er mars

La paix de l'esprit s'enracine dans l'affection et la compassion.
Cela requiert un très haut degré de sensibilité et d'émotion.

Le XIVe dalaï-lama

2 mars

Un pont est montré,
qui conduit le monde quotidien
des perceptions sensibles dans le temps
au royaume de la connaissance intemporelle.

Lama Anagarika Govinda

3 mars

Afin de percevoir l'infinie valeur de toutes choses,
nous devons accorder à la vie une attention pleine et entière.

Jack Kornfield

5 mars

Notre conscience contient tous ces rôles et bien d'autres,

le héros, l'amoureux, l'ermite et le dictateur, la femme sage et le fou.

Jack Kornfield

6 mars

Ne prenez pas à la légère

Les plus petits actes de bien.

Les gouttes d'eau en s'ajoutant

Remplissent une immense jarre.

Patrul Rinpotché cité par Joseph Goldstein

7 mars

Nous sommes le résultat d'un très grand nombre d'actes libres
dont nous sommes les seuls responsables.

Matthieu Ricard / Trinh Xuan Thuan

8 mars

Les actes prennent un tour positif ou négatif selon l'intention qui les sous-tend,
tout comme le cristal réfracte la couleur du support qu'on lui donne.

Dilgo Khyentsé Rinpotché

9 mars

Mieux nous comprendrons la nature de l'esprit,
plus nous pénétrerons profondément l'enchaînement inéluctable des causes
et des effets qu'est le karma. Cette compréhension permet,
d'une part, d'éviter ou de réduire les actes négatifs qui nuisent à autrui
et à nous-même ainsi que les souffrances qu'ils causent
et, d'autre part, de cultiver et d'amplifier les actes positifs
dont les résultats sont bienfaisants et heureux.

Kalou Rinpotché

10 mars

Ce n'est qu'au prix d'un entraînement constant
que notre pratique se stabilisera et que nous pourrons tenir tête
à nos tendances négatives avec intrépidité.

Dilgo Khyentsé Rinpotché

12 mars

Nos actes, nos paroles et nos pensées déterminent notre karma,
autrement dit, le bonheur et la souffrance qui seront notre lot.

Dilgo Khyentsé Rinpotché

13 mars

Nous sommes tous esclaves de nos actes :

pourquoi en vouloir à d'autres ?

Shantideva

14 mars

Nous prendrons conscience que les distractions
et les soucis mondains nous retiennent prisonniers dans le samsara,
et nous éprouverons le désir intense de nous en libérer.
Pour l'heure, nous nous trouvons effectivement à la croisée de deux chemins,
dont l'un conduit à la libération et l'autre aux destinées inférieures du samsara.

Dilgo Khyentsé Rinpotché

15 mars

Lorsque nous nous sentons responsable, concerné, engagé,
cela nous amène à ressentir une profonde émotion, un grand courage.

Le XIVe dalaï-lama

16 mars

Chacun est le maître de son destin,
c'est à nous de créer les causes du bonheur.
Il en va de notre responsabilité et de celle de personne d'autre.

Le XIVe dalaï-lama

17 mars

Le bonheur est le résultat d'un mûrissement intérieur.

Il dépend de nous seul au prix d'un travail patient, poursuivi de jour en jour.

Le bonheur se construit, ce qui exige de la peine et du temps.

À long terme, le bonheur et le malheur sont donc une manière d'être ou un art de vivre.

Matthieu Ricard

19 mars

S'il y a des obstacles, ce n'est pas l'infini,

Si cela se compte, il ne s'agit pas d'étoiles,

Si cela tremble ou s'agite, ce n'est pas une montagne,

Si cela croît et décroît, ce n'est pas un océan,

Si cela passe sur les ponts, ce n'est pas une rivière,

Si cela se capture, ce n'est pas un arc-en-ciel.

Voilà les paraboles des six perceptions extérieures.

Milarepa

20 mars

Nous pouvons porter une attention bienveillante et respectueuse
aux sensations qui constituent l'expérience de notre corps.

Jack Kornfield

21 mars

Si nous savions que, ce soir, nous allions devenir aveugles,
nous jetterions alors un regard nostalgique, un vrai dernier regard
à chaque brin d'herbe, à chaque formation de nuages, à chaque grain de poussière,
à chaque arc-en-ciel, à chaque goutte de pluie — à tout.

Pema Chödrön

22 mars

Le toucher est le véhicule du réconfort mutuel :
ce sont d'abord les étreintes ou les poignées de main.

Pensée citée par le XIVᵉ dalaï-lama

23 mars

Les choses les plus importantes de notre vie ne sont pas extraordinaires ou grandioses.

Ce sont les moments où nous nous sentons touchés l'un par l'autre.

Jack Kornfield

24 mars

Le corps et la parole ont une grande importance :
c'est en s'appuyant sur eux que la réalisation spirituelle peut se développer.
Nous pourrions dire que le corps et la parole
sont en quelque sorte les serviteurs de l'esprit.

Kalou Rinpotché

རང་། །ཡེན་ད་བ་ནུ་བ་ཆུ་མ་ར་ད་མ་ང་།

ཐུབ་ཆེག །ཧུ་ལ་ག་ཏུ་ག་ལྒུ་ལ་འཧུ་ལ་སྟི།

ཞིང་དུ་མས་ཏ། །ཞི་ར་རོ་ར་བས་མ་ཆི་ལ་མི

ཁ་ད་ག་ལ་ཆུ་ལ་ཏུ་མ་ས། །ཁ་ང་ལ་ཀྲུ

གུ་ལ་ཆེ་ར་བུ་ས་ཟ་བ་ཏུ་ག་ས་ལ་ལ། ཧྲུ་སྟུ

སྟེ་ར་ལ་སྟི་ང་ད་བ་ར་བ་ར་བཆི། ར་ར་བོ།

མ་ཏུ་ལ་ སྣམ་ས་ཏང་ཕྱི་ག་ལ་སུ་ལ་ར།

ས་ར་མ་སྟི་ར་ད་ར་ཏ་ག་ལྒ་ང་ར་སྟེ་བི།

བ་ར་བ་ཀྲུ་བ་ཏུ་མཚོ་ཞི་ར་ད་མ་ས་ཀྲུ་མ

བ་སྐུ་ལ་པ་ཀྲུ་མཚོ་ར་སྟི་ང་ར་བཆུ་ར་ལ

ད་ཏུ་ར་ཆི་ལ་ཡ་ལ་ག་ཀྲུ་མཚོ་ཟི་སྱ་ག་།

26 mars

Les paroles agressives heurtent et blessent autrui.

Elles peuvent être jetées à la face d'un interlocuteur, mêlées à des plaisanteries,

ou même consister à mentionner directement leurs défauts à des amis.

Le résultat de cet acte est un environnement brûlant, aride et épineux.

Kalou Rinpotché

27 mars

Malheureusement, nous ne reconnaissons pas la nature vide des paroles
et nous nous fixons sur elles comme si elles étaient quelque chose de réel.
C'est ainsi que des paroles agréables nous contentent,
alors que des paroles désagréables nous contrarient et nous mettent en colère.
Ces réactions sont un signe de ce que nous croyons à la réalité des paroles.

Kalou Rinpotché

28 mars

Ne pas causer de tort demande que nous demeurions éveillé.
Cela suppose, entre autres, de ralentir suffisamment
pour remarquer ce que nous disons et faisons.
Plus nous observons nos réactions émotionnelles en chaîne
et comprenons leur fonctionnement, plus il nous est facile de nous abstenir.
Rester éveillé, ralentir et remarquer ce qui se passe devient alors un mode de vie.

Pema Chödrön

29 mars

Quand on veut bouger ou parler, il faut d'abord examiner son esprit,
le mettre en état de stabilité, puis agir comme il se doit.

Shantideva

30 mars

Que ta parole soit pertinente et modérée, claire, agréable,

d'un ton doux et calme ;

qu'elle n'exprime ni le désir ni la haine.

Shantideva

31 mars

Parmi les dix actes vertueux dont parle le bouddhisme,
quatre sont verbaux : ne pas mentir, ne pas calomnier, ne pas proférer
de paroles injurieuses et éviter les bavardages frivoles.

Le XIVe dalaï-lama

2 avril

Inconstant et futile, l'esprit ordinaire est la proie incessante
des influences extérieures, des tendances habituelles et du conditionnement :
les maîtres le comparent à la flamme d'une bougie
dans l'embrasure d'une porte,
vulnérable à tous les vents des circonstances.

Sogyal Rinpotché

3 avril

Nous vivons sous la menace de nos émotions douloureuses :

colère, désir, orgueil, jalousie, et ainsi de suite.

Nous devons donc toujours être prêt à les contrer à l'aide de l'antidote approprié.

C'est à son indéfectible vigilance que l'on reconnaît le vrai pratiquant.

Dilgo Khyentsé Rinpotché

4 avril

C'est la manière dont nous nous situons

par rapport aux émotions

qui nous enchaîne ou nous libère.

Jack Kornfield

5 avril

C'est en s'exerçant inlassablement à transformer nos émotions
que nous finirons par changer notre tempérament.

Matthieu Ricard

6 avril

Celui qui s'efforce d'atteindre l'Éveil
doit s'attendre à rencontrer d'épouvantables obstacles :
la colère, le désir, la confusion mentale, l'orgueil et la jalousie.

Dilgo Khyentsé Rinpotché

7 avril

Plutôt que de nous laisser entraîner et piéger par nos sensations,
laissons-les disparaître à mesure qu'elles se forment,
comme des lettres tracées du doigt sur l'eau.

Dilgo Khyentsé Rinpotché

9 avril

Jusqu'à ce que nous cessions de nous accrocher au concept du bien et du mal,

le monde continuera à se manifester

sous forme de déesses amicales et de démons malfaisants.

Pema Chödrön

10 avril

Les créations de l'esprit sont plus nombreuses
Que les grains de poussière des rayons du soleil.

Milarepa

11 avril

Les passions ne demeurent ni dans les objets, ni dans les sens, ni dans l'intervalle, ni ailleurs.

Où sont-elles installées pour tourmenter le monde entier ?

Ce sont de simples illusions.

Donc, ô mon cœur, quitte toute crainte, efforce-toi vers la sagesse.

Pourquoi sans motif te tourmenter toi-même dans les enfers ?

Shantideva

12 avril

Prendre les démons pour des démons, voilà le danger.

Les savoir vains, voilà le chemin.

Les comprendre « tels qu'ils sont », voilà la délivrance.

Les connaître comme père et mère, voilà leur fin.

Les admettre comme créations de l'esprit

Et ils se changent en ornements.

Ces usages ainsi connus, le Tout est libéré.

Milarepa

13 avril

La cause première du bonheur réside en notre esprit,
alors que les circonstances extérieures ne constituent
que des conditions adverses ou favorables.

Matthieu Ricard

14 avril

Le monde réel est au-delà de nos pensées et de nos idées.

Nous le voyons à travers le filet de nos désirs, partagés entre

plaisir et douleur, bien et mal, intérieur et extérieur.

Pour voir l'univers tel qu'il est, vous devez passer au-delà du filet.

Ce n'est pas difficile car il est plein de trous.

Jack Kornfield

16 avril

L'esprit dans son état habituel peut être comparé au ciel obscurci par des strates nuageuses qui cachent sa nature réelle.

Kalou Rinpotché

17 avril

Nous vivons un mode de perception erronée de la réalité.

Matthieu Ricard

18 avril

Ne vous encombrez pas l'esprit de pensées inutiles.

À quoi bon ruminer le passé, anticiper l'avenir ?

Restez dans la simplicité de l'instant présent.

Dilgo Khyentsé Rinpotché

19 avril

Lorsque nous avons atteint un état de liberté intérieure à l'égard des émotions,
cela ne signifie pas que nous soyons apathique et insensible,
ni que l'existence perde ses couleurs pour autant.
Simplement, au lieu d'être constamment le jouet de nos pensées négatives,
de nos humeurs et de notre tempérament,
nous en sommes devenus maîtres.

Matthieu Ricard

20 avril

Atteindre le bonheur authentique
exige de transformer à la fois le regard que l'on porte
sur le monde et sa manière de penser.

Le XIVe dalaï-lama

21 avril

Dès lors que nous considérons chaque domaine comme un temple,
comme un lieu où découvrir le sacré,
nous pouvons emporter notre pratique spirituelle dans la rue,
dans notre communauté.

Jack Kornfield

23 avril

Si l'on est parfaitement conscient de la valeur de l'existence humaine,
la gaspiller sciemment dans la distraction
et la poursuite d'ambitions vulgaires, est le comble de la confusion.

Dilgo Khyentsé Rinpotché

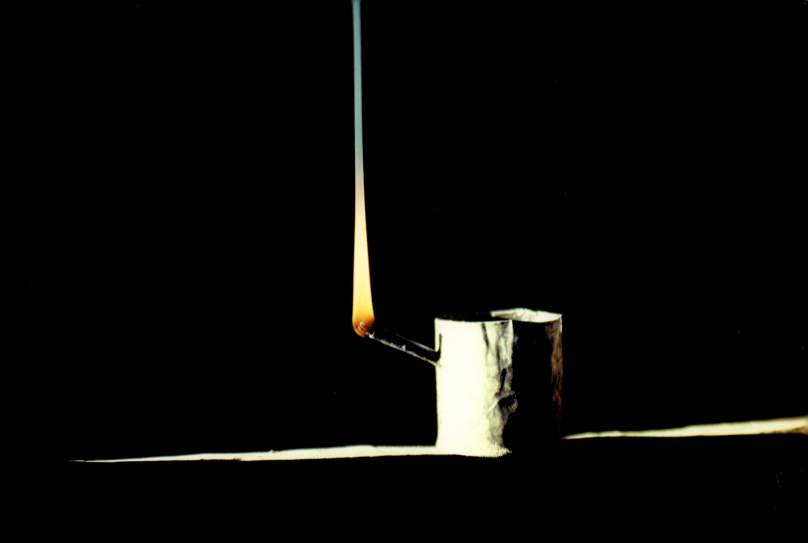

24 avril

L'unique coupable est la confusion qui règne en notre esprit,

chaos que le bouddhisme nomme ignorance.

Matthieu Ricard

25 avril

L'esprit est agité, changeant,
Difficile à garder et à contrôler.
Le sage le rend droit, comme l'archer
Redresse une flèche.

Qu'il est bon de prendre les rênes de l'esprit
Qui court, sauvage et capricieux, où bon lui semble.
Tenir ainsi l'esprit apporte le bonheur.

Votre pire ennemi ne peut vous nuire autant
Que vos propres pensées laissées sans surveillance.
Bien dirigé, l'esprit vous rendra plus heureux
Que de vos père et mère les affectueux soins.

Pensée citée par Joseph Goldstein

26 avril

Pour exercer la vigilance juste,
ton esprit ne doit être ni trop tendu, ni trop détendu,
comme la corde de vina.

Kalou Rinpotché

27 avril

Plus le degré de connaissance s'affine,
plus le rapport avec le monde naturel s'élabore.

Le XIVe dalaï-lama

28 avril

Par Connaissance, on n'entend pas ici la maîtrise d'un grand nombre d'informations,
mais la compréhension de la nature de notre esprit.
Cette Connaissance peut imprégner chacune de nos pensées
et éclairer chacune de nos perceptions.

Matthieu Ricard

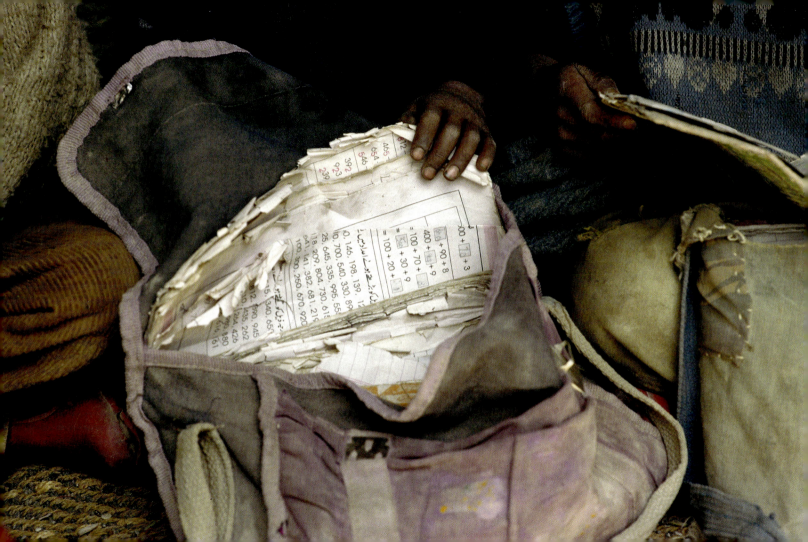

30 avril

En essayant de nier que tout change constamment,
nous perdons le sens du caractère sacré de la vie.
Nous avons tendance à oublier que nous faisons partie
de l'ordre naturel des choses.

Pema Chödrön

1er mai

La vie s'exprime par un mouvement perpétuel de changement :
la naissance de l'enfant c'est la mort du bébé,
puis la naissance de l'adolescence c'est la mort de l'enfant.

Arnaud Desjardins

2 mai

« Le problème, c'est que vous pensez que vous avez le temps. »

Pensée d'un maître bouddhiste citée par Jack Kornfield

3 mai

Nous devons examiner notre vie sans idéalisme,

sans exagération ni sentimentalité.

Nos choix reflètent-ils nos valeurs les plus profondes ?

Jack Kornfield

4 mai

Quand nous sommes envahi par une impression de stagnation
et de confusion, le mieux est encore de prendre du recul,
de s'accorder le temps de réfléchir et de se remettre en mémoire l'objectif d'ensemble :
qu'est-ce qui va véritablement apporter du bonheur ?
Ensuite, nous reformulerons nos priorités sur cette base.

Le XIVe dalaï-lama

5 mai

Le bonheur est l'objet principal de nos aspirations,
quel que soit le nom que nous lui donnions
– plénitude, satisfaction profonde, sérénité, accomplissement,
sagesse, félicité, joie de vivre ou paix intérieure –,
et quelle que soit notre manière de le rechercher – créativité, justice,
altruisme, effort enthousiaste, accomplissement d'un projet, d'une œuvre.

Matthieu Ricard

7 mai

Notre civilisation moderne est consacrée en grande partie au culte de l'illusion !

Il n'existe aucune information générale sur la nature de l'esprit :

les écrivains et les intellectuels n'y font guère allusion ;

les philosophes modernes n'en parlent pas directement ; la majorité des scientifiques

nie qu'elle puisse même exister. Elle ne joue aucun rôle dans la culture populaire ;

elle n'est pas mise en chansons ; on n'en parle pas dans les pièces de théâtre

et elle ne figure pas au programme de la télévision.

En fait nous sommes éduqués dans la croyance que rien n'est réel

au-delà de ce que nous percevons directement au moyen de nos sens ordinaires.

Sogyal Rinpotché

8 mai

L'ignorance renvoie à une mauvaise appréciation de la vraie nature du moi
et de l'ensemble des phénomènes du monde réel.

Le XIVe dalaï-lama

9 mai

Il n'y a rien d'intelligent à ne pas être heureux.

Arnaud Desjardins

10 mai

L'essentiel demeure cette pratique qui s'opère instant après instant
dans notre existence quotidienne telle qu'elle se présente à nous.
Pour sortir du cauchemar, il faut construire cette structure intérieure
sur laquelle le mental n'a plus de prise et qui est libre dans tous les domaines :
intellectuel, émotionnel, sexuel.

Arnaud Desjardins

11 mai

Ce qui compte, ce n'est pas l'énormité de la tâche,
mais la magnitude du courage.

Matthieu Ricard

12 mai

Assumons la responsabilité de notre vie
et portons un regard neuf sur les choses en développant
le calme mental et la force du cœur.

Jack Kornfield

14 mai

Dans notre vie ordinaire, derrière tout notre bavardage,

derrière tous les mouvements que nous faisons,

derrière toutes les pensées de notre esprit, il y a une absence fondamentale

de terrain solide. Elle est là, à bouillonner constamment.

Nous en faisons l'expérience sous forme d'agitation et d'irritation.

Nous en faisons l'expérience sous forme de peur. Elle provoque la passion,

l'agression, l'ignorance, la jalousie et l'orgueil,

mais nous ne descendons jamais jusqu'à son essence.

Pema Chödrön

15 mai

Des sentiments comme la déception, l'embarras, l'irritation,

le ressentiment, la colère, la jalousie et la peur,

au lieu d'être de mauvaises nouvelles, sont en réalité

des moments de clarté qui nous enseignent ce que nous refoulons.

Pema Chödrön

16 mai

À mesure que nous pénétrerons de notre plein gré dans chaque zone de peur,
chaque zone de faiblesse et d'insécurité en nous-même,
nous découvrirons que ses murs sont faits de mensonges, de vieilles images de nous-même,
de peurs très anciennes et de fausses idées de ce qui est pur et de ce qui ne l'est pas.

Jack Kornfield

17 mai

La souffrance commence à se dissoudre
quand nous sommes capable de remettre en question la croyance ou l'espoir
qu'il existe un endroit quelconque où se cacher.

Pema Chödrön

18 mai

Il s'agit ici de connaître la peur, de se familiariser avec elle,
de la regarder droit dans les yeux – non pour en faire un moyen de résoudre
les problèmes, mais pour abandonner complètement nos anciennes façons
de voir, d'entendre, de sentir, de goûter et de penser.
Il faut savoir que dès que nous commençons vraiment à agir ainsi,
nous ne cessons jamais d'apprendre l'humilité.

Pema Chödrön

19 mai

Il faut renoncer à sa vieille identité

et renaître à un nouveau sentiment de soi.

Jack Kornfield

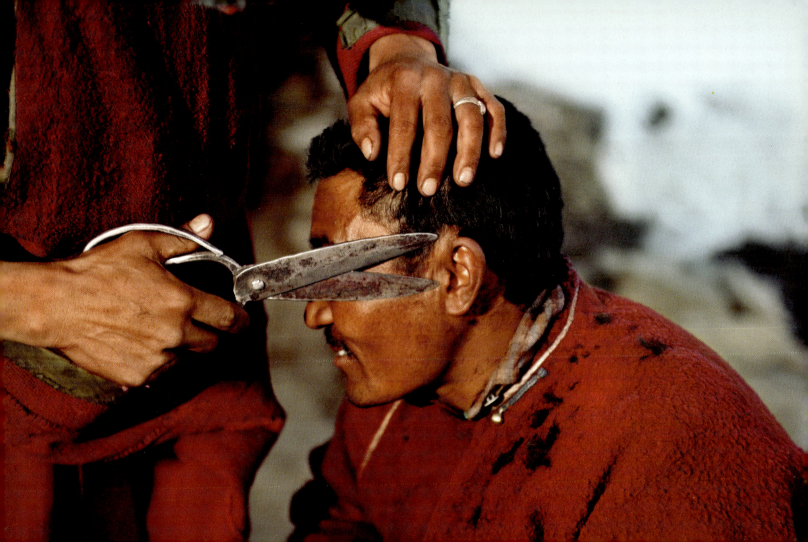

21 mai

Vous ne pouvez pas vivre dans la protection sans jamais vous exposer
et être en même temps des aventuriers de la spiritualité.
Soyez audacieux. Soyez fou à votre façon,
de cette folie aux yeux des hommes qui est sagesse aux yeux de Dieu.
Prenez des risques, cherchez, cherchez encore, cherchez partout,
cherchez de toutes les manières, ne laissez échapper aucune occasion,
aucune possibilité que le destin vous donne,
et ne soyez pas chiche, mesquin en essayant de discuter le prix.

Arnaud Desjardins

22 mai

Il nous faudra une discipline assidue,
un entraînement sérieux pour renoncer à nos vieilles habitudes mentales,
pour découvrir et maintenir une nouvelle façon de voir.

Jack Kornfield

23 mai

Nous devons tout particulièrement apprendre l'art de diriger notre attention sur les zones barricadées de notre existence.

Jack Kornfield

24 mai

Ce sont la vigilance minutieuse et l'attention
qui nous permettent de changer nos comportements.

Kalou Rinpotché

25 mai

Il nous faut avoir le courage d'affronter tout ce qui est présent.

Jack Kornfield

26 mai

D'habitude nous pensons que les gens courageux n'ont peur de rien.

En fait, ils sont intimes avec la peur.

Pema Chödrön

28 mai

Rien ne va plus au-dehors car rien ne va plus au-dedans.

Matthieu Ricard

29 mai

Avec les crocs de la détresse vous menacez autrui,

En tourmentant les autres vous ne torturez que vous.

Milarepa

30 mai

Pour diminuer la souffrance,
il faut distinguer entre la douleur propre à la douleur,
et celle que nous créons rien qu'en y pensant.
La peur, la colère, la culpabilité, la solitude et le désespoir
sont autant de réactions émotionnelles susceptibles de l'intensifier.

Le XIVe dalaï-lama

31 mai

Apprendre à vivre, c'est apprendre à lâcher prise.

Sogyal Rinpotché

1er juin

L'esprit envahi de souvenirs et préoccupé par l'avenir
perd la fraîcheur de l'instant présent.
Nous sommes alors incapable de reconnaître
la simplicité lumineuse de l'esprit
qui est toujours présente derrière le rideau des pensées.

Matthieu Ricard.

2 juin

Nous avons toujours la possibilité de recommencer encore une fois.

Jack Kornfield

4 juin

Les jours où le ciel est gris, le soleil n'a pas disparu à tout jamais.

Arnaud Desjardins

5 juin

Les choses qui s'écroulent sont une sorte d'épreuve,

mais aussi une sorte de guérison.

Pema Chödrön

6 juin

En présence d'une grande déception, nous ne savons pas si c'est la fin de l'histoire.
Cela peut être précisément le début d'une grande aventure.

Pema Chödrön

7 juin

La première étape d'une approche spirituelle
est de reconnaître l'existence de ce qui est,
de le nommer en prononçant doucement
« tristesse », « souvenir » ou autre.

Jack Kornfield

8 juin

Notre cœur peut devenir fort à l'endroit de la cassure.

Pensée citée par Jack Kornfield

9 juin

Chaque événement, chaque situation dans laquelle vous vous trouvez
a toujours une valeur positive, même les drames,
même les tragédies, même le coup de foudre dans un ciel serein.

Arnaud Desjardins

11 juin

Croire que nous pouvons trouver quelque plaisir durable

et éviter la douleur, c'est ce que le bouddhisme appelle le samsara,

ce cycle sans espoir qui tourne et tourne indéfiniment

et nous cause de grandes souffrances.

Pema Chödrön

12 juin

Si la haine domine, elle enchaîne aux enfers,
Une grande avarice ouvre le gouffre de l'insatisfaction,
Une solide ignorance mène à la sphère animale,
Si la passion grandit, elle retient parmi les hommes,
Si la jalousie s'affirme, elle lie à l'univers des héros guerriers,
Un orgueil profond assujettit au monde des dieux.
Voilà les six chaînes qui asservissent au samsara.

Milarepa

13 juin

Souvent, au moindre écueil, nous rétrécissons notre vision.

Le XIVe dalaï-lama

14 juin

Le désir, la haine et les autres passions

sont des ennemis sans mains, sans pieds ;

ils ne sont ni braves, ni intelligents ;

comment ai-je pu devenir leur esclave ?

Shantideva

15 juin

La souffrance invisible, c'est la souffrance latente
qui est omniprésente tant que nous sommes sous l'emprise de l'ignorance,
de l'attachement au moi et d'une perception erronée de la réalité.

Matthieu Ricard

16 juin

La souffrance fait partie de l'expérience humaine.

Les gens se font du mal les uns aux autres

— nous faisons du mal aux autres et les autres nous font du mal.

Connaître cela, c'est avoir une vision claire.

Pema Chödrön

18 juin

Nous continuons à créer la souffrance ; nous sommes en conflit avec le bien, en conflit avec le mal, en conflit avec ce qui est trop petit, avec ce qui est trop grand, avec ce qui est trop court, ou trop long, ou faux ; vaillamment, nous poursuivons le combat.

Jack Kornfield

19 juin

Le proche ennemi de l'amour-bienveillance est l'attachement [...]
Au début, l'attachement peut donner l'impression d'être de l'amour,
mais à mesure qu'il grandit il apparaît plus clairement comme son contraire :
il se caractérise par le désir de s'accrocher, de contrôler, et par la peur.

Le proche ennemi de la compassion est la pitié, qui sépare.
Celui qui a pitié se sent navré pour cette pauvre personne là-bas comme si,
d'une manière ou d'une autre, elle était différente de lui.

Le proche ennemi de la joie devant le bonheur d'autrui est le désir de comparer :
on cherche à voir si l'on a moins, autant ou davantage que l'autre.

Le proche ennemi de l'équanimité est l'indifférence.
La véritable équanimité, c'est l'équilibre intérieur au milieu des situations de la vie ;
l'indifférence est un retrait, un désintérêt fondé sur la peur.

Jack Kornfield

20 juin

La gratitude conduit à l'amour.

Mais pas à l'amour-demande, l'amour du chasseur pour le gibier.

Ne confondez pas l'amour-mendicité avec l'amour-plénitude qui vient de la reconnaissance.

Arnaud Desjardins

21 juin

*L'envie et la jalousie procèdent de l'incapacité fondamentale
à se réjouir du bonheur ou du succès d'autrui.*

Matthieu Ricard

22 juin

Regardons avec des yeux neufs « qui ne sont plus voilés par le désir ».

Pensée citée par Jack Kornfield

23 juin

Il faut apprendre à se réjouir davantage.

Cette richesse est l'essence de la générosité. C'est la sensation

de pouvoir se débrouiller, sans sombrer dans le misérabilisme.

Chögyam Trungpa

25 juin

Jouir de tout l'éventail des joies du samsara, telles que la richesse et les autres plaisirs, revient à goûter une nourriture empoisonnée, à lécher du miel sur le fil d'un rasoir, bref, c'est un joyau posé sur la tête d'un crotale : un simple contact et vous voilà anéanti.

Shabkar

26 juin

Les riches n'ont jamais assez d'argent

et les puissants jamais assez de pouvoir.

Réfléchissons : la meilleure façon de satisfaire tous nos désirs

et de mener tous nos projets à terme,

c'est de les laisser tomber.

Dilgo Khyentsé Rinpotché

27 juin

L'ironie veut qu'une fois obtenu l'objet de notre désir,

nous ne soyons toujours pas satisfait.

Ainsi la convoitise est sans limites et source de troubles.

Le seul antidote, c'est le contentement.

Le XIVe dalaï-lama

28 juin

De la possessivité naît le manque,
Du non-attachement, la satisfaction.

Kalou Rinpotché

29 juin

Enfants, vieillards, vagabonds rient facilement de bon cœur :

ils n'ont rien à perdre et espèrent peu.

Il y a dans le renoncement une délicieuse saveur de simplicité, de paix profonde.

Matthieu Ricard

30 juin

Désirez ce que vous avez et ne désirez pas ce que vous n'avez pas.
Vous trouverez là une vraie plénitude.

Pensée citée par Jack Kornfield

2 juillet

Nous souhaitons que le monde permette inconditionnellement la réalisation de nos aspirations,

et comme ce n'est pas le cas, nous sommes en proie à la souffrance.

Notre recherche du bonheur est plus souvent fondée sur nos illusions que sur la réalité ;

il est vain d'essayer de modeler le monde à l'image de nos caprices :

il faut transformer notre esprit.

Matthieu Ricard

3 juillet

Vous pouvez, sans en être conscient,

prendre bien des choses pour votre identité :

votre corps, votre race, vos croyances, vos pensées.

Jack Kornfield

4 juillet

La véritable liberté exige de s'affranchir de la dictature de l'ego
et de son cortège d'émotions.

Matthieu Ricard

5 juillet

Cherchons à dompter l'ego le plus possible. Disons à l'ego :
« Tu m'as donné des soucis épouvantables. Je ne t'aime pas.
Tu m'as fait une vie impossible. »

Chögyam Trungpa

6 juillet

Toutes les catastrophes, toutes les douleurs, tous les périls du monde

viennent de l'attachement au moi :

pourquoi me tenir à ce démon ?

Shantideva

7 juillet

L'essence du bouddhisme : « Pas de moi, pas de problème. »

Pensée citée par Jack Kornfield

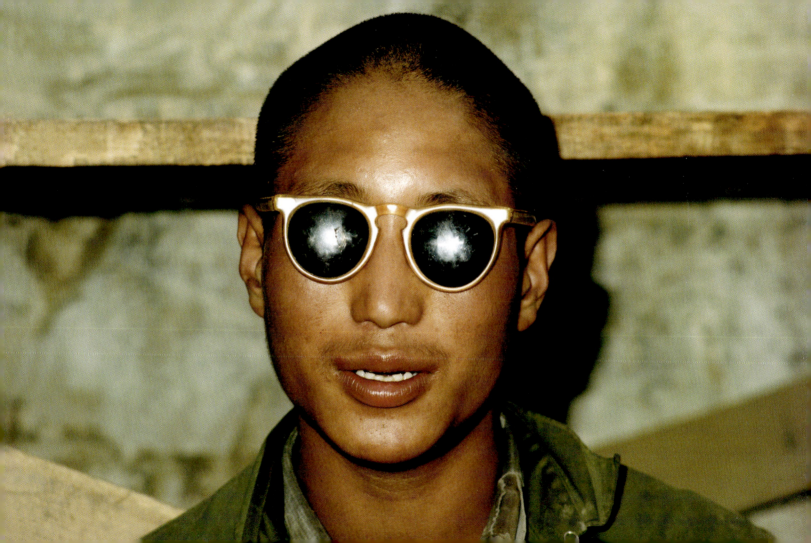

9 juillet

Même quand nous recevons de bons conseils,

il est si facile de les ignorer ou de les interpréter de travers.

Nos blocages sont nombreux : nous aurons à traverser bien des strates

de peur et d'attachement, à affronter nos propres illusions et notre sentiment d'infériorité.

Ils font partie de la pratique de chacun et, plus nous nous croyons savant et capable,

plus lente sera notre ascension et plus rude sera notre chute.

Jack Kornfield

10 juillet

Nous pouvons progressivement laisser tomber nos idéaux
à propos de celui que nous devrions être, ou de celui que nous croyons vouloir être,
ou de celui que nous croyons que les autres croient
que nous voulons ou devrions être.

Pema Chödrön

11 juillet

En déconstruisant le sentiment de l'importance de soi,

nous ne perdons rien d'autre qu'un parasite

qui a infecté notre esprit pendant bien longtemps.

Ce que nous y gagnons a pour nom liberté, ouverture d'esprit, spontanéité,

simplicité, altruisme, autant de qualités inhérentes au bonheur.

Matthieu Ricard

12 juillet

Quand nous prenons la place qui est la nôtre,

nous découvrons que nous sommes inébranlable.

Jack Kornfield

13 juillet

L'humilité ne consiste pas à se considérer comme inférieur,
mais à être affranchi de l'importance de soi.
C'est un état de simplicité naturelle qui est en harmonie avec
notre nature véritable et permet de goûter la fraîcheur de l'instant présent.
L'humilité est une manière d'être, non de paraître.

Matthieu Ricard

14 juillet

Oui ou merci expriment le contraire de l'égoïsme.

Vous n'atteindrez l'effacement de l'ego que par le bonheur et la gratitude.

Arnaud Desjardins

16 juillet

Conditionnés par notre société, qui incarne le refus de la réalité,
nous nous protégeons de toute difficulté, de tout inconfort directs.
Nos efforts pour nier notre insécurité, combattre la douleur, la mort et la perte,
et nous dissimuler à nous-même les vérités élémentaires du monde naturel
et de notre propre nature nous poussent à consommer beaucoup d'énergie.

Jack Kornfield

17 juillet

La véritable défense se construit là où se trouvent les ennemis !

Être capable d'observer ses vœux tout en résistant aux tentations mondaines

dans un environnement où tant de conditions tendent à solliciter le désir,

n'est-il pas un comportement admirable et merveilleux ?

Le XIVe dalaï-lama

18 juillet

En nous ouvrant à la réalité,

nous constatons que nous avons fréquemment pris pour notre véritable nature

une identité étriquée et des opinions anxieuses, et nous comprenons combien cela est limitatif.

Nous pouvons alors porter un regard d'immense compassion sur la souffrance

que nous-même et autrui avons créée sur terre à partir d'identités crispées.

Jack Kornfield

19 juillet

Notre lutte contre la vie a empêché notre cœur de s'ouvrir.
Dès lors que nous abandonnons la lutte et que nous ouvrons notre cœur
à ce qui est, nous découvrons le repos dans l'instant présent ;
c'est l'alpha et l'oméga de la pratique spirituelle.

Jack Kornfield

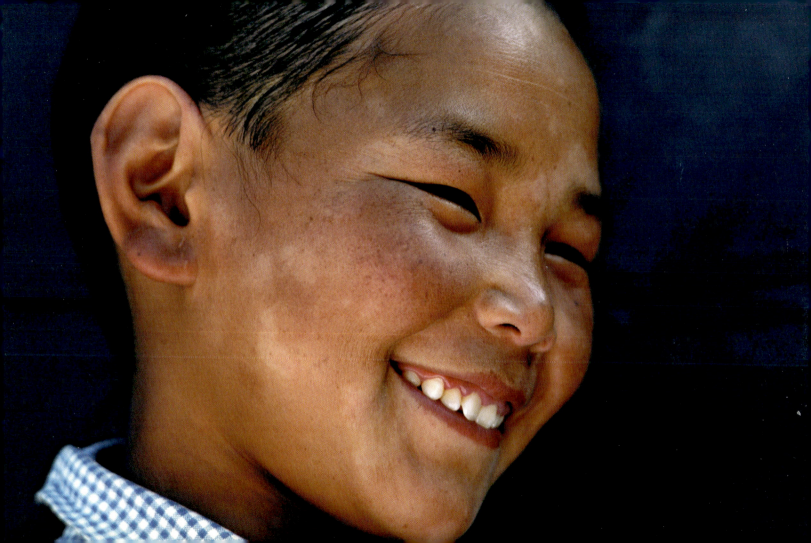

20 juillet

La clé, c'est de changer nos habitudes et, en particulier, nos habitudes mentales.

Pema Chödrön

21 juillet

Nous ferions mieux d'arrêter de lutter contre nos pensées et de comprendre que l'honnêteté et l'humour sont une bien plus grande source d'inspiration et d'aide que toutes sortes d'efforts religieux solennels pour ou contre quoi que ce soit.

Pema Chödrön

23 juillet

Pris dans un tourbillon de hâte et d'agressivité,

nous vivons notre vie dans le conflit et l'angoisse ;

nous sommes emporté par la compétition, l'avidité, le désir de possession et l'ambition.

Nous nous chargeons sans répit d'occupations et d'activités superflues.

Sogyal Rinpotché

24 juillet

La paresse à l'occidentale consiste à remplir sa vie d'activités fébriles,
si bien qu'il ne reste plus de temps pour affronter les vraies questions.

Sogyal Rinpotché

25 juillet

Simplifier nos activités, ce n'est pas sombrer dans l'indolence,

mais au contraire se débarrasser de l'aspect le plus subtil de la paresse :

celle qui nous fait entreprendre mille activités secondaires.

Matthieu Ricard

26 juillet

Dans une société qui n'est pas loin d'exiger que nous vivions en mode accéléré,
la vitesse et les autres dépendances nous engourdissent au point
de nous rendre insensible à notre propre ressenti.
Dans de telles conditions, il nous est pratiquement impossible
d'habiter notre corps ou de demeurer relié à notre cœur,
à plus forte raison de nous relier à autrui et à la terre.

Jack Kornfield

27 juillet

C'est l'immersion dans ces quatre couples d'opposés
– plaisir et douleur, perte et gain, gloire et honte, louanges et reproches –
qui nous maintient englué dans la souffrance du samsara.

Pema Chödrön

28 juillet

... et maintenant nous allons tenter d'inverser

un peu la logique du samsara pour voir ce qui se passe.

En règle générale, nous devenons quelqu'un de doux.

Chögyam Trungpa

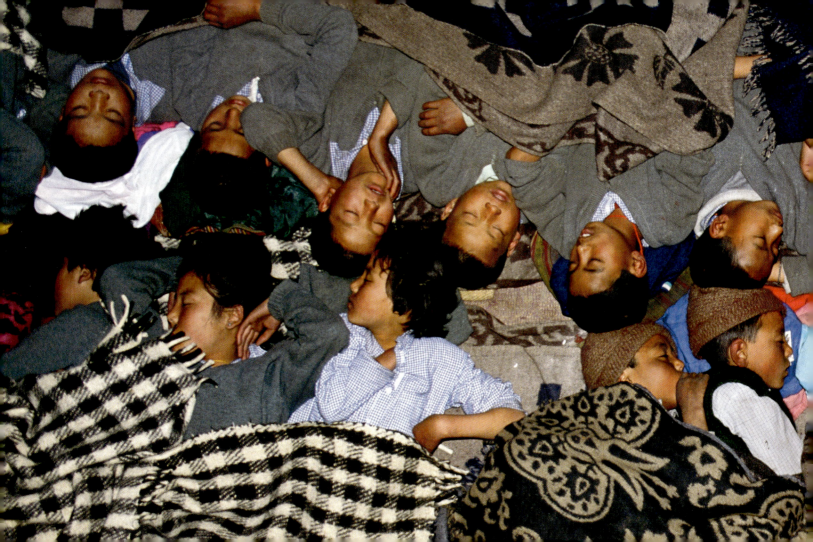

30 juillet

N'est-ce pas une saine décision que de renoncer à ces poisons mentaux ?

Arrive enfin le temps de cesser ces jeux d'enfants,

d'alternance de bonheur et de souffrance.

Matthieu Ricard

31 juillet

Commençons par développer la compréhension des sources de bonheur
les plus authentiques, pour qu'ensuite elles tiennent lieu
de fondement aux priorités de l'existence.

Le XIVe dalaï-lama

1er août

Tout repose en fait sur notre propre crispation.

Nous pourrions nous en prendre à la société, au gouvernement, aux gendarmes ;

nous pourrions dire que c'est la faute des inclémences du temps,

de la bouffe, des autoroutes, de notre propre bagnole, de nos fringues.

Nous pourrions essayer de rejeter la responsabilité sur tout ce qu'on peut imaginer.

Mais c'est nous qui ne sommes pas capable de lâcher prise,

de nous montrer suffisamment chaleureux et sympathique ;

c'est nous le problème.

Chögyam Trungpa

2 août

Le renoncement a une composante de joie, d'effort, d'enthousiasme et de liberté :
c'est le soulagement de s'être enfin dégagé de l'insatisfaction.

Matthieu Ricard

3 août

Chacun connaît son mental, mais ignore la dimension
qui réside dans le fait de se sentir comblé.
Il s'agit d'un sentiment mystique.

Arnaud Desjardins

4 août

Pour jouir d'une vie heureuse et accomplie, la clé est l'état d'esprit.

C'est là l'essentiel.

Le XIVe dalaï-lama

6 août

Puissé-je naître dans une famille ni riche ni pauvre,
Mais dans un foyer modeste,
Afin qu'ainsi je renonce aisément à ma maison natale.

Shabkar

7 août

Ma couche est petite, je m'étire à l'aise.

Mes habits sont minces, mais mon corps est chaud.

Peu nourri, je suis rassasié.

Milarepa

8 août

Il y a certainement dans notre vie des choses dont nous pouvons nous délester.

Matthieu Ricard

9 août

Les causes véritables du contentement et de la satisfaction
doivent être cherchées en nous-même.

Le XIVᵉ dalaï-lama

10 août

Demeurons simplement dans la fraîcheur inaltérée de l'instant présent,
dans la limpidité de la pure conscience éveillée.

Matthieu Ricard

11 août

L'adulte est celui qui a perdu la grâce, la fraîcheur, l'innocence de l'enfant,

qui n'est plus capable d'une joie pure, qui complique tout,

qui met de la souffrance partout, qui a peur d'être heureux

et qui, en plus, dès que cela va mieux, en effet se rendort.

Le sage est redevenu pareil à un petit enfant.

Arnaud Desjardins

13 août

Sur l'échelle de l'évolution, ce sont les espèces
les plus adaptables aux mutations de l'environnement qui ont survécu
et prospéré. La souplesse d'esprit peut aider à accepter
les transformations du monde extérieur.

Le XIVe dalaï-lama

14 août

Vous ne pouvez pas arrêter les vagues, mais vous pouvez apprendre à surfer.

Joseph Goldstein

15 août

Approcher l'existence avec souplesse est une recette fondamentale
pour accéder à l'équilibre. L'équilibre, le savoir-faire
et le soin d'éviter les extrêmes,
ce sont là des données capitales de la vie quotidienne.

Le XIVe dalaï-lama

16 août

La vie est un mouvement ;

Plus il y a vie plus il y a flexibilité,

Plus vous êtes fluide plus vous êtes vivant.

Arnaud Desjardins

17 août

Nous n'avons que l'instant présent,

que cet unique et éternel instant

s'ouvrant et se déployant sous nos yeux, jour et nuit.

Jack Kornfield

18 août

Réfléchissons à ce qui possède vraiment une valeur,

à ce qui donne un sens à notre vie,

et ordonnons nos priorités en conséquence.

Le XIVe dalaï-lama

20 août

Enfermé dans la cage sombre et exiguë que nous nous sommes fabriquée
et que nous prenons pour la totalité de l'univers,
rares sont ceux d'entre nous qui peuvent seulement imaginer
qu'il existe une autre dimension de la réalité.

Sogyal Rinpotché

21 août

Oser vivre, c'est oser mourir à chaque instant mais c'est également oser naître,

c'est-à-dire franchir de grandes étapes dans l'existence

où celui que nous avons été meurt pour faire place à un autre,

avec une vision du monde renouvelée, en admettant qu'il puisse y avoir

plusieurs paliers qu'on franchit avant l'étape ultime de l'Éveil.

Arnaud Desjardins

22 août

Chacun de nous doit faire entendre son propre rugissement de lion
– persévérer avec un courage inébranlable lorsqu'il est confronté
à toutes sortes de doutes, de tourments et de peurs – pour déclarer son droit à l'Éveil.

Jack Kornfield

23 août

*Ayez le courage de vous lancer dans l'existence,
de prendre des risques, de recevoir des coups,
en sachant à l'avance que vous allez être exposé au jeu des contraires,
réussi-raté, heureux-malheureux, louange et blâme.*

Arnaud Desjardins

24 août

Vigilant et inventif,

l'enfant qui n'a ni passé, ni références, ni jugements de valeur,

vit, s'exprime, joue dans la liberté.

Arnaud Desjardins

25 août

Le oui, l'ouverture et l'amour, voilà les clés qui ouvrent la porte de la prison.

Arnaud Desjardins

27 août

La générosité, c'est la non-avidité mise en œuvre ;
c'est l'empressement à donner, à partager, à lâcher prise.
Nous avons envie de donner parce que nous ressentons de l'amour,
et dans l'acte de donner, le sentiment d'amour s'accroît encore davantage.

Joseph Goldstein

28 août

Le Bouddha parlait de l'éthique altruiste comme de la véritable beauté d'un être.

C'est la vertu qui éclaire réellement l'intérieur de soi.

C'est aussi l'un des meilleurs présents que nous puissions faire au monde,

car ne causer aucun mal, c'est offrir la confiance

et la sécurité à tous ceux qui nous entourent.

Joseph Goldstein

29 août

Le respect rend plus attentif – cette qualité qui nous fait faire les choses de manière irréprochable. [...]

Le respect et la foi se nourrissent mutuellement et suscitent toutes sortes d'actions habiles.

En cultivant dans sa vie le respect, on voit aussi le monde sous un jour différent.

Et l'attention que le respect engendre transforme la manière dont on interagit avec la société.

On commence à explorer les possibilités de servir autrui, de jouer un rôle actif

en percevant les tâches à accomplir et en vouant son énergie à leur réalisation.

La compassion suscite l'action, et la sagesse garantit l'efficacité des moyens mis en œuvre.

Joseph Goldstein

30 août

Écouter est un art en soi.

Quand nous écoutons avec un esprit calme et concentré,

nous pouvons littéralement être réceptif à ce que disent les mots.

Des intuitions profondes peuvent alors se produire,

en un éclair, à l'improviste.

Joseph Goldstein

31 août

De la concentration naît la sagesse.

Méditer, c'est d'abord calmer son esprit et rassembler son attention.

La concentration n'engendre pas seulement un sentiment de paix et de tranquillité,

elle sert aussi de base pour approfondir la vision pénétrante et la sagesse.

Nous nous ouvrons alors à la souffrance du monde,

en même temps qu'à sa grande beauté.

Joseph Goldstein

1er septembre

Cultiver la générosité, la moralité, le respect ;

servir autrui, étudier le Dharma, méditer : voilà autant d'actes de bien.

Chacun d'eux est une pratique que nous pouvons développer

et affiner jusqu'à en faire une cause de bonheur pour nous-même et autrui.

Ces actes de bien deviennent notre offrande au monde.

Joseph Goldstein

3 septembre

Si la compassion, la justice et la libération ne peuvent prendre vie en nous-même,

où donc le pourraient-elles ?

Jack Kornfield

4 septembre

Chez l'humain, l'agressivité n'est pas instinctive
et le comportement violent est influencé
par toute une série de facteurs biologiques, sociaux, environnementaux.

Le XIVe dalaï-lama

5 septembre

Une fois établi que la nature élémentaire de l'humain est plus compassionnelle qu'agressive,

notre relation au monde environnant change du tout au tout.

Voir les autres foncièrement empreints de compassion au lieu de les percevoir

comme des êtres hostiles et égoïstes nous soulage de bien des tensions,

nous pousse à la confiance, à vivre dans la sérénité.

En un mot, cela nous rend plus heureux.

Le XIVe dalaï-lama

6 septembre

Tout conflit commence par des pensées de peur, d'animosité et d'agression
qui croissent dans l'esprit de quelques-uns puis se propagent comme un feu dans des herbes sèches.
Le seul antidote à de telles aberrations consiste à prendre
la pleine mesure des souffrances d'autrui.

Matthieu Ricard

7 septembre

C'est notre esprit,

et lui seul,

qui nous enchaîne ou nous libère.

Dilgo Khyentsé Rinpotché

8 septembre

Laissez donc vos pensées négatives traverser votre conscience comme des nuages traversent le vide du ciel.

Jack Kornfield

10 septembre

Lorsque le cœur s'avère excité, railleur, orgueilleux, infatué,

accusateur, rancunier, fourbe, avide de compliments, dédaigneux, grossier,

querelleur, il faut rester immobile comme une souche.

Shantideva

11 septembre

L'amour immodéré du corps fait redouter le moindre danger :
qui ne haïrait ce corps aussi inquiétant qu'un ennemi, et ce moi qui,
par désir de combattre la maladie, la faim, la soif, massacre oiseaux,
poissons, quadrupèdes et se pose en ennemi de tout ce qui vit ;
qui, par amour du gain ou des honneurs, irait jusqu'à tuer ses père et mère.

Shantideva

12 septembre

Revenir au présent, c'est mettre fin au conflit.

La majorité d'entre nous est prise toute la vie dans l'engrenage des projets,

des attentes, des ambitions pour l'avenir et des regrets, de la culpabilité

ou de la honte par rapport au passé.

Jack Kornfield

13 septembre

Toutes les formes d'aversion se dissolvent,
depuis le simple fait de ne pas aimer quelqu'un
jusqu'au sentiment de répulsion envers le criminel.

Matthieu Ricard

14 septembre

Un comportement non violent sera un comportement physique ou oral
motivé par le désir d'être utile, d'aider quelqu'un.
C'est donc la motivation d'une action qui détermine la non-violence ou la violence.

Le XIV *dalaï-lama*

15 septembre

La chaleur humaine permet l'ouverture.

Vous découvrez que tous les êtres humains sont comme vous, tout simplement.

Le XIVe dalaï-lama

17 septembre

La compassion véritable consiste à nous aimer nous-même,

à respecter nos besoins, nos limites et nos capacités réelles.

Jack Kornfield

18 septembre

Penchez-vous sur votre douleur comme sur un enfant

que vous voudriez doucement réconforter.

Jack Kornfield

19 septembre

Commencez à réciter intérieurement

les phrases suivantes que vous vous adresserez.

Sans amour pour soi-même, on sera pratiquement incapable d'aimer autrui.

Puissé-je être empli de bonté.

Puissé-je être en bonne santé.

Puissé-je être en paix et détendu.

Puissé-je être heureux.

Jack Kornfield

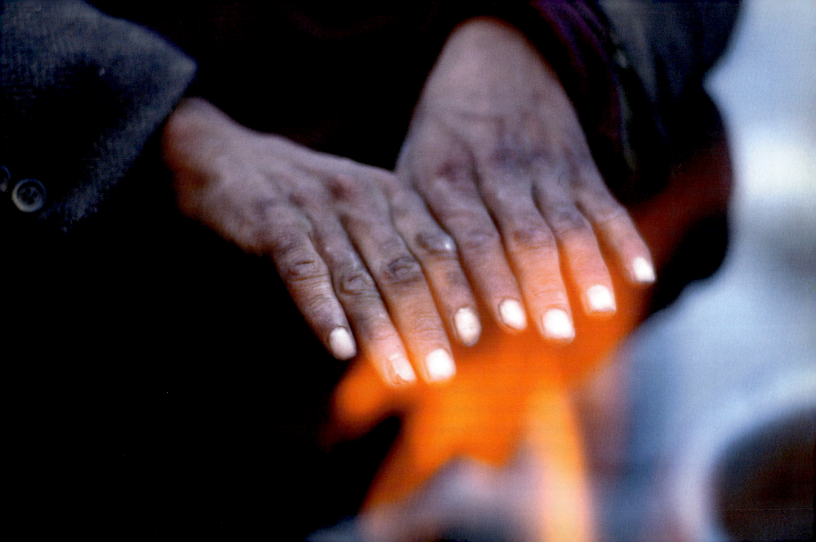

20 septembre

Lorsque vous méditez, invitez-vous ainsi à ressentir
l'estime de soi, la dignité, l'humilité et la force
du bouddha que vous êtes.

Sogyal Rinpotché

21 septembre

Si de la souffrance ou de la colère apparaissent, acceptez la souffrance ou la colère.

Toutes ces émotions sont le Bouddha sous toutes ses formes,

bouddha-soleil, bouddha-lune, bouddha heureux, bouddha triste.

C'est l'univers qui vous offre tout ce qui existe afin d'éveiller

et d'ouvrir votre cœur.

Jack Kornfield

22 septembre

La compassion envers nous-même nous donne le pouvoir de transformer le ressentiment en pardon, la haine en amitié et la peur en respect pour tous les êtres.

Jack Kornfield

24 septembre

Notre compagnon ou notre compagne sont parfaits,

mais comme nous aurions aimé qu'ils soient encore plus beaux…

Tout cela prouve bien que nous avons oublié l'imminence de la mort.

Dilgo Khyentsé Rinpotché

25 septembre

Dès qu'un homme et une femme se trouvent réunis du fait de leur karma,

c'est à chaque instant qu'ils doivent rechercher l'harmonie.

Dilgo Khyentsé Rinpotché

26 septembre

Il est vital de laisser une large place au changement dans les relations avec l'autre.
Ces transitions tiennent lieu de périodes charnières, où l'amour véritable mûrit et s'épanouit.
Nous sommes désormais en position de vraiment connaître l'autre – de le voir
tel qu'il est, avec ses défauts et ses faiblesses, un être humain comme nous-même.
Ce n'est qu'à ce stade que nous sommes en mesure de nous engager
sincèrement auprès de l'autre – un véritable acte d'amour.

Le XIVe dalaï-lama

27 septembre

Notre capacité d'intimité est fondée sur un respect profond,
une présence qui permet à ce qui est vrai de s'exprimer, d'être découvert.
L'intimité peut se présenter à tout instant :
c'est un acte d'abandon, un don qui n'exclut rien.

Jack Kornfield

28 septembre

La paix doit se développer sur la base de la confiance mutuelle.

Le XIVe dalaï-lama

29 septembre

Il ne s'agit pas de changer quoi que ce soit
mais de ne s'accrocher à rien
et d'ouvrir les yeux et le cœur.

Jack Kornfield

1er octobre

Chacun possède des qualités – il suffit de vouloir les rechercher.
À partir de là, admettez que votre vision complètement négative d'un être
est due à votre propre perception, fondée sur votre projection mentale,
plus qu'à sa véritable nature.

Le XIVe dalaï-lama

2 octobre

Tous ceux qui sont malheureux le sont pour avoir cherché leur propre bonheur ;
tous ceux qui sont heureux le sont pour avoir cherché le bonheur d'autrui.

Shantideva

3 octobre

Dans la vallée, nous avons quelques amis que nous aimons,

quelques ennemis que nous haïssons, et tous les autres, nous les ignorons.

Cette perception des gens, distordue et limitée,

ne cesse de produire de l'attachement et de l'agressivité.

Dilgo Khyentsé Rinpotché

4 octobre

On s'intéresse à ses membres comme parties de son corps :
pourquoi pas aux hommes comme parties de l'humanité ?

Shantideva

5 octobre

La recherche de la paix suppose le respect de l'altérité et de la pluralité.

Le XIVe dalaï-lama

6 octobre

Nous pouvons apporter un cœur compréhensif et compatissant

à un monde qui en a tant besoin.

Jack Kornfield

8 octobre

Puisque nous avons tous un égal besoin d'être heureux,

par quel privilège serais-je l'objet unique de mes efforts vers le bonheur ?

Et puisque nous redoutons tous le danger et la souffrance,

par quel privilège aurais-je droit à être protégé,

moi seul et non les autres ?

Shantideva

9 octobre

Tout acte généreux est une reconnaissance de notre interdépendance,
une expression de notre nature de bouddha.

Jack Kornfield

10 octobre

Si l'on considère la vaste majorité des problèmes humains,
aussi bien à l'échelon personnel qu'à celui de l'humanité,
il semble bien qu'ils proviennent d'une incapacité à se sentir
sincèrement concerné par autrui et de se mettre à sa place.
La violence est inconcevable si chacun est sincèrement concerné
par le bonheur de l'autre.

Matthieu Ricard

11 octobre

Il faudrait envisager le donner-et-recevoir comme un échange naturel,
quelque chose qui se produit tout simplement.

Chögyam Trungpa

12 octobre

Essayons de percevoir le meilleur de chacun,
de voir l'autre sous le meilleur éclairage possible.
Cette attitude crée immédiatement un sentiment d'affinité,
une sorte de prédisposition à établir un lien.

Le XIVᵉ dalaï-lama

13 octobre

Qui veut promptement sauver
Et soi et les autres,
Doit pratiquer le grand secret :
L'échange de soi et d'autrui.

Shantideva

15 octobre

Nous ne pensons pas assez que nous dépendons les uns des autres :
sur le simple plan matériel, nous sommes tous interdépendants
pour nos besoins quotidiens, et c'est ainsi que nous avons une dette envers tous les êtres.

Kalou Rinpotché

16 octobre

Nous pouvons donner quelque chose aux autres.

Il n'est pas toujours nécessaire de recevoir avant de donner.

Chögyam Trungpa

17 octobre

Nos enfants sont notre méditation.

Jack Kornfield

18 octobre

La famille est la cellule la plus fondamentale de la société.

Le XIVᵉ dalaï-lama

19 octobre

Une famille en influencera une autre,
puis une autre encore, puis dix, cent, mille
et toute la société s'en portera mieux.

Le XIVᵉ dalaï-lama

20 octobre

Le véritable amour du prochain se traduit par du courage et de la force.

Plus nous développerons l'amour pour les autres, plus nous aurons confiance en nous.

Le XIVᵉ dalaï-lama

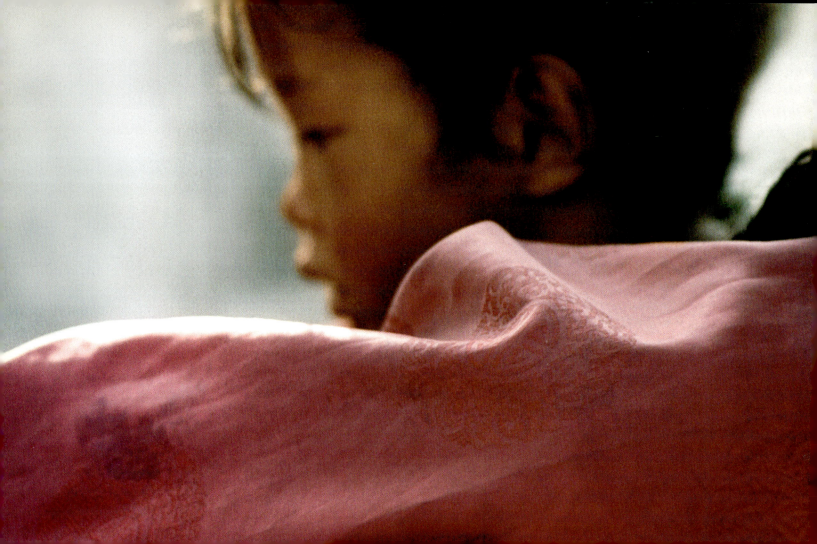

22 octobre

Songeons à tous les gens concernés par la confection d'une chemise.

Imaginons d'abord le fermier qui cultive son coton, et puis le concessionnaire auprès duquel le fermier

a acquis son tracteur. Et les centaines, voire les milliers de personnes impliquées

dans la fabrication de ce tracteur, depuis celles qui ont extrait le minerai nécessaire à la fabrication

de chaque pièce de l'engin jusqu'à ses concepteurs. Et ensuite, évidemment,

les gens qui ont transformé ce coton, qui ont tissé l'étoffe, l'ont coupée, teinte et cousue.

Les dockers et les camionneurs qui ont livré cette chemise au magasin, et le commerçant à qui nous l'avons achetée.

Une pensée nous envahit : pratiquement tous les aspects de notre vie dépendent des autres.

Howard Cutler et le XIVe dalaï-lama

23 octobre

*Libéré de la rigidité des concepts, le monde devient transparent
et s'illumine, comme éclairé de l'intérieur. Lorsque nous comprenons cela,
l'interdépendance de tout ce qui vit devient une évidence.
Nous voyons que rien n'est figé ou séparé du reste,
et que nous sommes en osmose intime avec la substance même de la vie.
De ce sentiment de lien surgissent l'amour et la compassion.*

Sharon Salzberg

24 octobre

Les lois qui gouvernent les rapports justes en politique, dans le mariage
ou dans le travail sont les mêmes que celles qui gouvernent notre vie intérieure.
Chacun de ces domaines requiert une capacité d'engagement et de constance,
une capacité à prendre notre vraie place.

Jack Kornfield

25 octobre

Il est important de percevoir combien votre propre bonheur est lié à celui des autres.

Il n'existe pas de bonheur individuel totalement indépendant d'autrui.

Le XIVᵉ dalaï-lama

26 octobre

Aimez, aimez, faites le premier pas. Tout relève de l'amour.

La réussite professionnelle, c'est sentir que la vie vous aime, que les patrons,

les directeurs, les confrères ne sont pas des ennemis.

Arnaud Desjardins

27 octobre

Des notions comme « ma nation », « ta nation »,

« ma religion », « ta religion » sont devenues secondaires.

Il faut au contraire insister sur le fait que l'autre vaut autant que nous.

C'est cela l'humanité ! Voilà pourquoi il nous faut reconsidérer notre système éducatif.

Le XIVe dalaï-lama

29 octobre

Les conflits entre les peuples sont un reflet
de notre propre conflit intérieur et de notre peur.

Jack Kornfield

30 octobre

Le changement doit être intérieur.

La haine et la malveillance sont ce qui trouble le plus notre paix et notre bonheur.

Afin d'éviter que naissent en nous haine et colère,

il faut d'abord éviter que survienne le mécontentement car il en est la racine.

Une fois que la haine s'est exprimée avec toute sa force et sa puissance,

il est très difficile d'y appliquer un remède.

Le XIVe dalaï-lama

31 octobre

Si, faute de discipline intérieure, nous laissons s'exprimer toutes les émotions

qui nous passent par la tête sous prétexte qu'il faut les formuler,

nous en arriverons à des abus considérables,

nous aurons même du mal à respecter les lois de notre pays.

Les émotions humaines n'ont pas de limites, la force des émotions négatives est infinie.

Le XIVe dalaï-lama

1er novembre

On ne s'irrite pas contre le bâton, auteur immédiat des coups,

mais contre celui qui le manie ; or cet homme est manié par la haine :

c'est donc la haine qu'il faut haïr.

Shantideva

2 novembre

Quand chacun se maîtrise par une discipline intérieure,
il n'y a pas de criminalité malgré l'absence policière à l'extérieur.
Cela montre bien l'importance de l'autodiscipline.

Le XIVᵉ dalaï-lama

3 novembre

La compassion se définit sommairement comme un état d'esprit
non violent, non offensif, non agressif. C'est une posture mentale
qui va de pair avec le sens de l'engagement, de la responsabilité et du respect d'autrui.
« Tse-wa, compassion en tibétain, sous-entend que l'on se souhaite de bonnes choses à soi-même.
Autrement dit, rien n'interdit de commencer par alimenter ce sentiment en se souhaitant
d'être libre de toute souffrance, pour ensuite le cultiver, le renforcer et l'étendre
au monde extérieur en y englobant les autres. »

Le XIVᵉ dalaï-lama

5 novembre

Qu'est-ce qu'un ennemi ?

Un ennemi est quelqu'un qui cherche à nuire à notre vie, à notre corps,

à nos biens, à notre famille et à nos amis, bref à tout ce qui cause notre bonheur.

Le véritable ennemi est alors la malveillance.

Le XIVe dalaï-lama

6 novembre

Il faudrait repenser le commerce des armes car la situation est à la fois terrifiante et irresponsable.

Les règnes de terreur s'imposent par les armes. Tant qu'il y aura des armes,

un désastre est encore possible car nous sommes toujours à la merci d'une poignée d'irresponsables.

Quant à moi, je prône toujours ce que je nomme le désarmement intérieur

par la réduction de la haine et la promotion de la compassion.

Le XIVᵉ dalaï-lama

7 novembre

L'amour est la seule réponse à la haine.

Dilgo Khyentsé Rinpotché

8 novembre

L'humilité et la patience sont étroitement liées, je le crois.
L'humilité suppose tout d'abord une capacité de confrontation, de représailles,
pour qu'ensuite intervienne au contraire la décision délibérée de n'en rien faire.
Voilà ce que j'appelle l'humilité authentique. Selon moi, la vraie tolérance,
la vraie patience supposent autodiscipline et retenue
– la conscience que l'on aurait pu agir autrement, plus agressivement,
mais que l'on en a décidé autrement.

Le XIVe dalaï-lama

9 novembre

Comment aider les autres à découvrir leur propre sagesse,

leur propre bonté et leur propre sens de l'humour ?

C'est un défi beaucoup plus grand que d'accuser, de haïr et de passer à l'acte.

Pema Chödrön

10 novembre

La paix dans le monde passe par la paix des individus.
Celui qui est naturellement serein, en paix avec lui-même,
sera d'un caractère ouvert à ses semblables.
C'est là que repose le fondement même d'une paix universelle.

Le XIVe dalaï-lama

12 novembre

Nous sommes tous égaux dès notre naissance

en ce sens que nous sommes tous des êtres humains ayant le même désir inné

d'éviter la souffrance et de trouver le bonheur.

Le XIVe dalaï-lama

13 novembre

La loi nous commande de faire ce que nous ferions naturellement si nous avions l'amour.

La Voie consiste à retrouver l'amour qui devient alors la loi.

Arnaud Desjardins

14 novembre

La méthode principale pour surmonter les maux de la société est l'autodiscipline
dans la vie personnelle, par laquelle on s'efforce de se maîtriser soi-même ;
il est très difficile d'imposer une discipline de l'extérieur.

Le XIV⁰ dalaï-lama

15 novembre

La compassion repose davantage sur les droits fondamentaux de l'autre
que sur notre propre projection mentale.

Le XIVe dalaï-lama

16 novembre

*Que ce soit pour des individus ou pour des gouvernements,
le principe qui doit nous guider est celui des droits de l'homme.
Le fait de vivre dans un pays où les droits de l'homme existent et de pouvoir
en jouir entraîne forcément des devoirs et des responsabilités.*

Le XIVe dalaï-lama

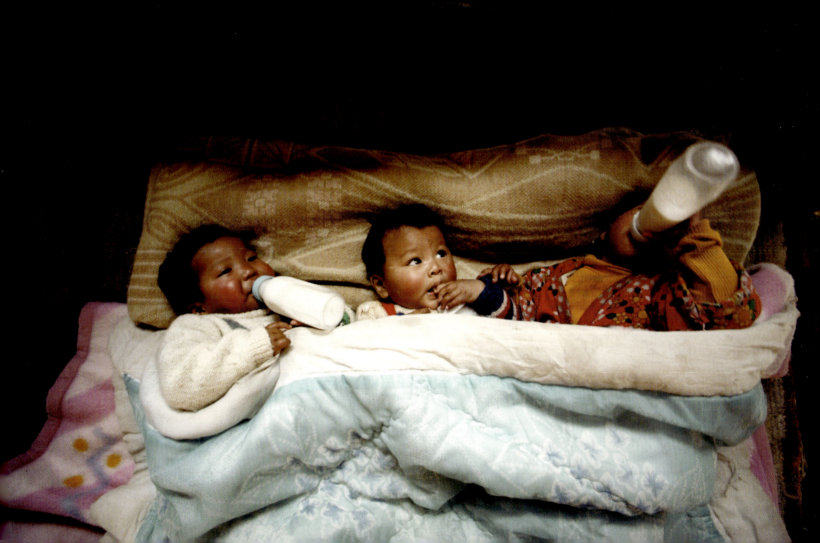

17 novembre

*Il existe un lien important entre le bonheur et la tolérance,
dans la mesure où moins de préjugé équivaut à plus de bonheur.
Plus grands sont l'implication sociale et l'engagement bénévole,
plus grand est le bonheur des citoyens.*

Matthieu Ricard

19 novembre

Il n'y a plus lieu désormais de distinguer entre les affaires intérieures et extérieures :
nous sommes tous égaux et membres d'une même famille ;
en fait, les affaires du monde entier en sont devenues des affaires intérieures.

Le XIVᵉ dalaï-lama

20 novembre

*Nous pourrions définir la compassion comme la sensation
de l'insoutenable devant la souffrance de l'autre, de tout être sensible.
Par la vraie compassion, nous souhaitons mettre fin aux souffrances des autres
et nous nous sentons responsable vis-à-vis de ceux qui souffrent.*

Le XIVe dalaï-lama

21 novembre

Dès lors que la patience et la tolérance découlent de l'aptitude
à rester ferme et inébranlable, il ne faut pas y voir un signe de faiblesse
ou de renoncement, mais plutôt un signe de force.
Réagir de la sorte suppose d'avoir de la retenue, ce qui est l'apanage d'un esprit fort et discipliné.

Le XIVe dalaï-lama

22 novembre

Le courage aux peureux, la liberté aux captifs,
la force aux chétifs, l'affection réciproque à tous les êtres.

Shantideva

23 novembre

Élargir la perspective suppose d'œuvrer en commun avec les autres.

Le XIVe dalaï-lama

24 novembre

*La Voie du milieu, une voie qui n'est établie ni sur une aversion pour le monde
ni sur l'attachement, mais sur l'accueil et la compassion.
La Voie du milieu se situe au centre de toutes choses,
c'est la place par excellence au centre du monde.*

Jack Kornfield

26 novembre

La sagesse du cœur peut être trouvée en toutes circonstances, sur n'importe quelle planète, qu'elle soit ronde ou carrée. Elle ne provient pas d'un savoir, d'images de perfection ni de la comparaison ou du jugement mais du fait que l'on voit avec les yeux de la sagesse, le cœur plein d'une attention aimante, que l'on offre sa compassion à tout ce qui existe dans notre monde.

Jack Kornfield

27 novembre

Nous devrions chaque matin avoir pour première pensée le désir de consacrer la journée qui commence au bien-être de tous.

Dilgo Khyentsé Rinpotché

28 novembre

Qu'aucun être ne soit malheureux, nuisible, malade, effrayé, méprisé, angoissé !

Shantideva

29 novembre

La compassion est la réponse du cœur à la douleur.

Nous participons de la beauté de la vie et de l'océan de larmes.

La détresse de la vie fait partie de chacun de nos cœurs

et de ce qui nous relie les uns aux autres.

Elle porte en elle la tendresse, la miséricorde et une bienveillance

qui embrassent toutes choses et peuvent toucher chaque être.

Jack Kornfield

30 novembre

La sagesse et la compassion deviennent les influences prédominantes qui guident nos pensées, nos paroles et nos actes.

Matthieu Ricard

1er décembre

Un ennemi est chose rare.

Le XIVe dalaï-lama

3 décembre

Dans le passé, toute la vie reposait sur les arbres.

Leurs fleurs nous ornaient, leurs fruits nous nourrissaient, leurs feuilles

et leurs fibres nous habillaient et nous procuraient un abri.

Nous prenions refuge dans leurs branches pour nous protéger des animaux sauvages.

Leur bois nous chauffait, nous en faisions des cannes pour soutenir nos vieux jours

et des armes pour nous défendre. Nous étions très liés avec les arbres.

Aujourd'hui, entourés de machines sophistiquées

et d'ordinateurs performants dans nos bureaux ultramodernes,

il est facile d'oublier notre lien avec la nature.

Le XIVᵉ dalaï-lama

4 décembre

Vous ne pouvez pas trouver le surnaturel sans passer par la nature.

Arnaud Desjardins

5 décembre

Il y a de la beauté à contempler le mouvement des saisons sur notre terre,

et une grâce intime à honorer les cycles de la vie.

Jack Kornfield

6 décembre

Où mettre les poissons et autres animaux pour être sûr que personne ne les tue ?

La perfection de la discipline, c'est de renoncer à nuire.

Shantideva

7 décembre

La vie de tous les êtres, qu'ils soient humains, animaux ou autres est précieuse.

Tous ont le même droit au bonheur. Tous ceux qui peuplent notre planète sont nos compagnons.

Ils font partie de notre monde, nous le partageons avec eux.

Le XIVe dalaï-lama

8 décembre

De même que la terre et les autres éléments servent aux multiples usages
des êtres innombrables répandus dans l'espace infini,
puissé-je, de multiples façons, être utile aux êtres qui occupent l'espace,
aussi longtemps que tous ne seront pas délivrés !

Shantideva

10 décembre

*Toute la pratique spirituelle est affaire de relation :
relation avec nous-même, relation avec les autres,
relation avec les situations de l'existence.*

Jack Kornfield

11 décembre

La compréhension lucide nous permet de vivre en harmonie avec notre vie, avec la loi universelle.

Jack Kornfield

12 décembre

Le papier contient toutes choses, le cosmos tout entier.

L'existence de cette petite feuille de papier prouve l'existence de tout le cosmos.

Jack Kornfield

13 décembre

Les forces qui meuvent le cosmos ne sont pas différentes de celles qui meuvent l'âme humaine.

Lama Anagarika Govinda

14 décembre

La vraie spiritualité consiste à être conscient du fait que,
si une relation d'interdépendance nous lie à chaque chose et à chaque être,
la moindre de nos pensées, paroles ou actions aura de réelles répercussions dans l'univers entier.

Sogyal Rinpotché

15 décembre

Le théisme est la conviction profondément ancrée qu'il existe une main que l'on peut tenir.

Pema Chödrön

17 décembre

En ayant de la gratitude envers l'existence,
je me rapproche de la lumière, de la totalité, de l'énergie universelle, de l'amour.
Je dépasse ma vie et je découvre que je suis une expression ou une forme
de la Vie universelle, de l'énergie divine.

Arnaud Desjardins

18 décembre

Chaque étape est une avancée considérable vers la plénitude et la satisfaction profonde.

Le voyage spirituel revient à passer de vallée en vallée :

le passage de chaque col dévoile un paysage plus magnifique que le précédent.

Matthieu Ricard

19 décembre

C'est seulement dans la réalité du présent
que l'on peut aimer, s'éveiller, trouver la paix, la compréhension
et que l'on peut se sentir relié à soi-même et au monde.

Jack Kornfield

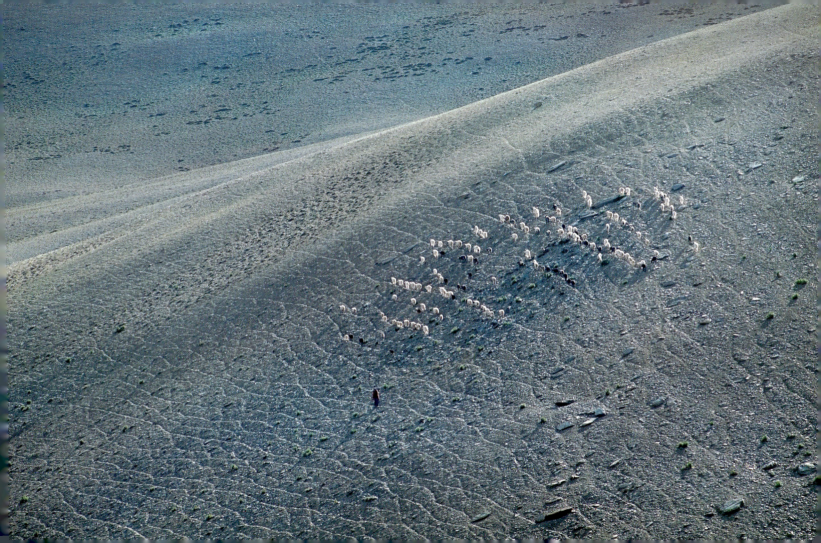

20 décembre

Tout le visible tient à l'Invisible

L'audible à l'Inaudible

Le tangible à l'Intangible.

Et peut-être le pensable à l'Impensable.

Lama Anagarika Govinda

21 décembre

Vous n'atteindrez pas l'amour sans un immense merci dans le cœur.

Arnaud Desjardins

22 décembre

Tout ce qui se manifeste ne chante qu'un seul chant,
et c'est celui du vide et de la plénitude.
Nous percevons le monde des phénomènes et de la conscience,
de la lumière et de l'obscurité qui se révèle dans une danse
où la séparation n'existe pas.

Jack Kornfield

24 décembre

*L'expérience de la réalité, de l'éveil ou du divin
n'est authentique que dans la mesure où elle illumine chaque instant.*

Jack Kornfield

25 décembre

De même qu'il n'est point d'obscurité dans le soleil,

Pour le yogi, l'univers et les êtres sont des déités ;

Et il est comblé.

Shabkar

26 décembre

Plus vous progresserez, plus vous vous apercevrez que l'univers est divin.

Arnaud Desjardins

27 décembre

Les oiseaux qui vivent sur une montagne d'or reflètent la couleur de l'or.

Proverbe tibétain

28 décembre

La nature pure de l'esprit – vacuité, lucidité et intelligence illimitée – est en nous depuis toujours.

Kalou Rinpotché

29 décembre

Souvenez-vous de ces enseignements, souvenez-vous de la claire lumière,

la pure lumière resplendissante de votre nature propre.

Elle est immortelle.

Jack Kornfield

31 décembre

Nous sommes déjà la sagesse.

Arnaud Desjardins

Biographies

Olivier et Danielle Föllmi partagent leur vie entre les Alpes et l'Himalaya avec quatre enfants d'origine tibétaine. Olivier photographie l'Himalaya depuis vingt-cinq ans et ses images, couronnées de prix prestigieux dont le World Press, sont diffusées dans le monde entier par l'agence Rapho. Médecin, réanimateur et anesthésiste, Danielle a mis en place des programmes de nutrition et de santé dans les écoles tibétaines. Soucieux d'harmoniser tradition et évolution, ils ont fondé HOPE, une association au service de l'éducation dans l'Himalaya. Auteurs de quatorze ouvrages, dont *Himalaya bouddhiste* avec Matthieu Ricard, ils souhaitent contribuer à la prise de conscience de l'héritage du monde tibétain.

Bouddha Shakyamouni est né dans le royaume actuel du Népal, à Lumbini, dans le clan des Shakya, une haute caste de ksatriya (caste des rois et des guerriers) au VIᵉ siècle avant J.-C. Jusqu'à l'âge de 29 ans, il vit dans un palais à l'écart du monde extérieur lorsqu'il prend brusquement conscience des réalités de la vie : misère, maladie, vieillesse, mort. Bouleversé, il devient ascète en 531 av. J.-C. Après avoir soumis son corps à toutes les privations, il comprend que seule la « voie du milieu » lui permettra d'atteindre l'Éveil. On trouve dans la littérature bouddhiste de nombreux récits sur sa vie.

Née en 1936 aux États-Unis, moniale bouddhiste depuis 1974, **Pema Chödrön** est l'une des principales disciples du maître tibétain Chögyam Trungpa Rinpotché qui, en 1986, lui a confié la direction du monastère de Gampo situé au Canada. Elle est également l'auteur de *Entrer en amitié avec soi-même* et de *Quand tout s'effondre. Conseils d'une amie pour des temps difficiles.*

Sa Sainteté le **XIVᵉ dalaï-lama Tenzin Gyatso** est à la tête de l'État et le maître spirituel du peuple tibétain. Né le 6 juillet 1935 dans un petit village du nord-est du Tibet, Sa Sainteté fut reconnue à l'âge de deux ans comme la réincarnation du XIIIᵉ dalaï-lama et comme une incarnation d'Avalokiteshvara, le Bouddha de la compassion. Intronisé docteur en philosophie bouddhiste en 1940 à Lhassa, il accepte de quitter le Tibet et de se rendre en Inde à la suite de l'occupation de sa patrie par la Chine. Depuis son installation à Dharamsala, il ne cesse de plaider en faveur d'une solution négociée de la question tibétaine, qui lui vaut en 1989 le prix Nobel de la paix pour son combat non-violent.

Né en 1925, **Arnaud Desjardins** grandit dans un milieu chrétien protestant. Après des séjours dans des monastères de l'Himalaya de 1964 à 1967, Arnaud Desjardins fit connaître les spiritualités vivantes de l'Orient aux Occidentaux par des films qu'il tourna sur la vie des maîtres de différentes traditions en Asie. Ces rencontres lui permettent d'approfondir sa propre quête spirituelle. Il étudie auprès de son maître Swâm Prajnanpad pendant des années et à la mort de ce dernier en 1974, il se retire dans le centre de la France où il transmet l'enseignement qu'il a reçu. Mondialement reconnus, ses livres sont traduits dans de nombreuses langues. Il a notamment écrit *L'Audace de vivre*.

Hautement respecté au Tibet et dans le monde entier, **Dilgo Khyentsé Rinpotché** (1910-1991) fut l'un des plus grands poètes, érudits, philosophes et maîtres de méditation qu'ait connu le bouddhisme tibétain du XXe siècle, toutes traditions confondues. Il reçut des enseignements et des transmissions de plus d'une cinquantaine de lamas et les pratiqua en les réalisant dans la solitude pendant vingt-deux ans. Après quoi il œuvra sans répit à les transmettre tant en Inde et dans la région himalayenne qu'en Occident et en Asie du Sud-Est. Il est l'auteur des *Cent conseils de Padampa Sangyé*.

Dudjom Rinpotché (1904-1988) était l'une des trois incarnations du Dudjom Lingpa. Il devint le chef de la tradition Nyingmapa

du bouddhisme tibétain après un exil du Tibet. Poète, artiste, musicien, sculpteur, il est également auteur de nombreux livres.

Cofondateur et maître à penser du Insight Meditation Society (IMS), **Joseph Goldstein** enseigne le vipassana depuis 1974. C'est en Thaïlande, en 1965, qu'il s'intéresse pour la première fois au bouddhisme. Un intérêt qui l'amène à rester étudier auprès des plus grands maîtres en Inde, en Birmanie et au Tibet. En 1989, il participe à la création du Barre Center for Buddhist Studies (BCBS). Il développe actuellement The Forest Refuge, un nouveau centre de méditation sur le long terme. Joseph Goldstein est un exemple de la nouvelle forme de bouddhisme que l'on trouve aujourd'hui dans le monde occidental.

Né en Allemagne en 1898, mort en 1986, **lama Anagarika Govinda** est le fondateur de l'ordre bouddhiste Arya Maitreya Mandala. Son intérêt pour le bouddhisme de tradition pali et la vie monastique l'entraîna au Sri Lanka et en Birmanie. Il vécut également au Tibet puis s'installa à Almora en Inde où il fut professeur et exposa ses peintures. En 1972 il voyagea en Europe et devint un médiateur de paix entre l'Est et l'Ouest. Il est notamment l'auteur des *Fondements de la mystique tibétaine*.

Auteur de *La voie du Bouddha selon la tradition tibétaine*, **Kalou Rinpotché** (1904-1989) fut l'un des plus grands maîtres spirituels contemporains, hautement respecté par toutes les traditions. À l'âge de 13 ans, il commence son enseignement au monastère de Palpung, avant de se consacrer à 25 ans à la vie érémitique dans les montagnes du Kham. Pendant la vingtaine d'années durant lesquelles il enseigna en Occident, il manifesta au plus haut niveau la sagesse universelle et la compassion, qui sont l'essence des enseignements du Bouddha.

Moine bouddhiste, **Jack Kornfield** est docteur en clinique psychologique et psychothérapeute, auteur et professeur de méditation. Après s'être retiré comme moine dans le Sud-Est de l'Asie et de l'Inde, Jack Kornfield retourne aux États-Unis en 1972 et fonde avec Sharon Salzberg et Joseph Goldstein le Insight Meditation Society (IMS). Il crée également le Spirit Rock Center à San Francisco où il enseigne la méditation intérieure ou vipassana.

Ascète semi-légendaire tibétain qui aurait vécu au XIe siècle, **Milarepa** (1040-1123) fut le disciple de Marpa (« le traducteur ») et le fondateur d'une école mystique qui donna par la suite naissance au bouddhisme tibétain. Considéré comme une figure emblématique du Tibet, Milarepa incarne à lui seul le poète, l'ascète, le maître spirituel.

Au cours d'un premier voyage en Inde en 1967, **Matthieu Ricard** rencontre de remarquables maîtres spirituels tibétains. Après avoir complété sa thèse en génétique cellulaire à l'Institut Pasteur à Paris, en 1972, il s'établit dans l'Himalaya où il devient moine, partageant notamment l'existence et les enseignements de Dilgo Khyentsé Rinpotché. Il réside actuellement au monastère de Shéchèn au Népal. Interprète du dalaï-lama, il est l'auteur de nombreuses traductions de textes tibétains, de plusieurs livres dont *Le Moine et le Philosophe* avec son père le philosophe Jean-François Revel, traduit en vingt langues, et *Himalaya bouddhiste* avec Olivier & Danielle Föllmi.

Cofondatrice de l'Insight Meditation Society (IMS) et du Barre Center for Buddhist Studies (BCBS), **Sharon Salzberg** pratique la méditation bouddhiste depuis 1971 et enseigne depuis 1974 la connaissance suprême (vipassana) et l'amour bienveillant et la compassion. Elle est l'auteur de *Faith : Trusting your Own Deepest Experience*, *Lovingkindness* et de *A Heart as Wide as the World*.

Ermite tibétain, **Shabkar** (1781-1851) est révéré par le peuple tibétain pour sa sainteté et sa simplicité, sa faculté de s'émouvoir aussi bien que de faire rire, la profondeur de sa spiritualité exprimée en un style qui la rend accessible à tous. Dans son livre *Shabkar, autobiographie d'un yogi tibétain*, il retrace son chemin d'errance sous la forme d'un récit en prose entrecoupé de chants poétiques. Son histoire illustre l'enseignement bouddhiste sur le sens de la vie, sur la mort et sur la possible délivrance vis-à-vis de la souffrance. Saint indien qui vécut vers le IXe siècle, **Shantideva** marqua la littérature bouddhiste par son génie et sa réalisation spirituelle. Les écrits de cet auteur-clé du Mahayana tenus pour des sources essentielles dans la tradition des bodhisattvas et la philosophie de la voie médiane, ont fait, au fil des siècles, l'objet d'abondantes études. Son poème d'une rare beauté *La Marche vers l'Éveil* ne cesse d'inspirer des milliers de lecteurs dans le monde.

Né dans le Kham, à l'est du Tibet, **Sogyal Rinpotché** fut reconnu comme la réincarnation de Lerab Lingpa Tertön Sogyal, un professeur du XIIIe dalaï-lama. Il étudia principalement aux côtés de Jamyang Khyentsé, puis auprès de Dudjom Rinpotché et de Dilgo Khyentsé Rinpotché. Il voyagea et observa la réalité de la vie, cherchant à adapter son enseignement à la vie moderne des hommes et des femmes. Il est l'auteur du *Livre tibétain de la vie et de la mort* paru à plus d'un million et demi d'exemplaires en vingt-six langues. En 1993, il fonda le Spirituel Care Program ayant pour objectif d'amener la sagesse et la compassion de ses enseignements aux professionnels et aux volontaires travaillant sur les soins palliatifs.

Onzième réincarnation de la lignée des Tulku Trungpa, **Chögyam Trungpa** (1939-1987), le plus célèbre maître du bouddhisme tibétain résidant aux États-Unis, est reconnu comme l'une des figures marquantes de la nouvelle génération tibétaine. À l'âge de 8 ans, il est ordonné moine novice et amorce dès lors l'étude et la pratique intensive des disciplines monacales traditionnelles. En 1958, à 18 ans, il est ordonné moine. Il a su présenter au grand public, sous une forme moderne, les enseignements traditionnels du vajrayana. Parallèlement, il a fondé l'Institut Naropa et le programme d'apprentissage Shambhala. Il est l'auteur de très nombreux ouvrages, notamment de *L'Entraînement de l'esprit et l'apprentissage de la bienveillance*.

Glossaire

COMPASSION : la volonté de libérer tous les êtres de la souffrance et des causes de la souffrance (les actes négatifs et l'ignorance). Complément de l'*amour* (le souhait que tous les êtres connaissent le bonheur et les causes du bonheur), de la joie *altruiste* (qui se réjouit des qualités d'autrui) et de l'*équanimité* qui étend les trois sentiments précédents à tous les êtres sans distinction, amis comme ennemis.

CONNAISSANCES (CINQ) : cinq aspects de l'Éveil : la connaissance « toute égalisante », la connaissance « semblable à un miroir », la connaissance « toute distinguante », la connaissance « toute accomplissante » et la connaissance « de l'espace absolu ». Ces cinq connaissances se manifestent lorsque sont dissipés les deux voiles qui empêchent l'actualisation de l'Éveil : le voile des émotions perturbatrices et le voile qui masque la connaissance de la nature ultime des phénomènes.

DHARMA : ce mot a de nombreux sens. Au sens large, il signifie tout le connaissable. Le plus souvent, il désigne l'ensemble des enseignements des bouddhas et des maîtres accomplis. Il en existe deux aspects : le *dharma* des écritures qui est le support de ces enseignements, et le *dharma* de la réalisation qui est le résultat de la pratique spirituelle.

ÉVEIL : synonyme de bouddhéité, l'Éveil est l'accomplissement ultime de l'entraînement spirituel, la connaissance intérieure par excellence, alliée à une compassion infinie. Une compréhension parfaite des modes d'existence relatif (la façon dont les choses nous apparaissent) et ultime (leur véritable nature), de notre esprit et du monde des phénomènes. Cette connaissance est l'antidote fondamental de l'ignorance et par conséquent de la souffrance.

IGNORANCE : manière erronée de concevoir les êtres et les choses, en leur attribuant une existence réelle, indépendante, solide, intrinsèque.

IMPERMANENCE : elle est de deux sortes – grossière ou subtile. L'impermanence grossière correspond aux changements visibles. L'impermanence subtile est le fait que rien ne demeure identique à soi-même, ne serait-ce que pendant le plus petit espace de temps concevable.

KARMA : mot sanskrit qui signifie « action », et qui est généralement traduit par « causalité des actes ». Selon les enseignements du Bouddha, ni la destinée des êtres, ni leur joie, ni leur souffrance, ni leur perception de l'univers ne sont dues au hasard ou à la volonté d'une entité toute-puissante. Elles sont le résultat de leurs actes passés. De même, leur futur est déterminé par la qualité, positive ou négative, de leurs actes présents. On distingue un *karma* collectif, qui définit notre perception générale du monde, et un *karma* individuel qui détermine nos expériences personnelles.

MÉDITATION : processus de familiarisation avec une nouvelle perception des choses. On distingue la méditation analytique et la méditation contemplative. La première peut avoir pour sujet un objet de réflexion (la notion d'impermanence, par exemple), ou une qualité que l'on souhaite développer (comme l'amour et la compassion). La deuxième nous permet de reconnaître la nature ultime de l'esprit et de demeurer dans cette nature, au-delà de la pensée conceptuelle.

SAMSARA : le cycle des existences, où règnent la souffrance et la frustration engendrées par l'ignorance et les émotions conflictuelles qui en résultent. Ce n'est qu'après avoir réalisé la vacuité et donc dissipé toutes les émotions négatives que l'on peut reconnaître la nature de l'esprit et se libérer du *samsara*.

SOUFFRANCE : la première des « Quatre Nobles Vérités », qui sont : 1) la Vérité de la souffrance, dont on doit reconnaître l'omniprésence dans le cycle des existences conditionnées ; 2) la Vérité de l'origine de la souffrance – les émotions négatives que l'on doit éliminer ; 3) la Vérité de la voie (l'entraînement spirituel) que l'on doit parcourir pour atteindre la libération ; et 4) la Vérité de la cessation de la souffrance, le fruit de l'entraînement, ou état de Bouddha.

VOIE MÉDIANE, OU DU MILIEU (MADHYAMIKA) : philosophie la plus élevée du bouddhisme, ainsi nommée car elle évite les deux extrêmes ; celui du nihilisme et celui de la croyance à la réalité des phénomènes.

Sources des citations

Chödrön, Pema, *Quand tout s'effondre. Conseils d'une amie pour des temps difficiles.* Paris, © Éditions de La Table Ronde, 1999 : 10 et 24 janvier ; 17 et 26 février ; 21 et 28 mars ; 9 et 30 avril ; 14, 15, 17, 18 et 26 mai ; 5, 6, 11 et 16 juin ; 10, 20, 21 et 27 juillet ; 9 novembre ; 15 décembre.

Sa Sainteté le XIVe dalaï-lama, *Au-delà des dogmes.* Paris, © Éditions Albin Michel, 1994 : 12, 14, 15 et 16 février ; 15 et 31 mars ; 17 juillet ; 9 août ; 14 septembre ; 5, 20, 27, 30 et 31 octobre ; 2, 5, 6, 10, 14, 16 et 19 novembre ; 3 et 7 décembre.

Sa Sainteté le XIVe dalaï-lama, *Conseils du cœur.* Paris, © Presses de la Renaissance, 2001 : 18 et 19 octobre.

Sa Sainteté le XIVe dalaï-lama, Cutler, H., *L'Art du bonheur.* Paris, © Éditions Robert Laffont, 1999 : 6 et 13 janvier ; 13 février ; 1er, 16 et 22 mars ; 20 et 27 avril ; 4, 8 et 30 mai ; 13 et 27 juin ; 31 juillet ; 4, 13, 15 et 18 août ; 4, 5, 15, 26 et 28 septembre ; 1er, 12 et 22 octobre ; 3, 8, 12, 15, 20, 21 et 23 novembre.

Desjardins, Arnaud, *L'Audace de vivre.* Paris, © Éditions de La Table Ronde, 1989 : 26 janvier ; 27 février ; 1er, 9, 10 et 21 mai ; 4, 9 et 20 juin ; 14 juillet ; 3, 11, 16, 21, 23, 24 et 25 août ; 26 octobre ; 13 novembre ; 4, 17, 21, 26 et 31 décembre.

Dilgo Khyentsé Rinpotché, *Les Cent conseils de Padampa Sangyé.* Saint-Léon-sur-Vézère, © Éditions Padmakara, 2000 : 3, 16, 17, 23 et 27 janvier ; 8, 10, 12 et 14 mars ; 3, 6, 7, 18 et 23 avril ; 26 juin ; 7, 24 et 25 septembre ; 3 octobre ; 7 et 27 novembre.

Goldstein, Joseph, *One Dharma. The Emerging Western Buddhism.* San Francisco, © HarperCollins Publishers, 2002 : 6 mars ; 14, 27, 28, 29, 30 et 31 août ; 1er septembre.

Lama Anagarika Govinda, *Les Fondements de la mystique tibétaine.* Paris, © Éditions Albin Michel, 1960 : 2 mars ; 13 et 20 décembre.

Kalou Rinpotché, *La Voie du Bouddha selon la tradition tibétaine.* Paris, © Éditions du Seuil, 1993 : 4, 9, 12, 18 et 30 janvier ; 3 et 20 février ; 9, 24, 26 et 27 mars ; 16 et 26 avril ; 24 mai ; 28 juin ; 15 octobre ; 28 décembre.

Kornfield, Jack, *Périls et promesses de la vie spirituelle.* Paris, © Éditions de La Table Ronde, 1998 : 11, 19 et 31 janvier ; 1er, 2, 5, 6, 7, 8, 9, 10, 19 et 22 février ; 3, 5, 20 et 23 mars ; 4 et 21 avril ; 3, 12, 16, 19, 22, 23 et 25 mai ; 2, 7 et 18 juin ; 3, 9, 12, 16, 18, 19 et 26 juillet ; 17 et 22 août ; 3, 8, 12, 17, 18, 19, 21, 22, 27 et 29 septembre ; 6, 9, 17, 24 et 29 octobre ; 24, 26 et 29 novembre ; 5, 10, 11, 12, 19, 22, 24 et 29 décembre.

Milarepa, *Les Cent mille chants.* Paris, © Librairie Arthème Fayard, 1986 : 19 mars ; 10 et 12 avril ; 29 mai ; 12 juin ; 7 août.

Ricard, Matthieu, *L'Infini dans la paume de la main.* Paris, © Nil Éditions, 2000 : 7 mars.

Ricard, Matthieu, *Plaidoyer pour le bonheur.* Paris, © Nil Éditions, 2003 : 24, 28 février ; 17 mars ; 5, 13, 17, 19, 24, 28 avril ; 5, 11, 28 mai ; 1er, 15, 21, 29 juin ; 2, 4, 11, 13, 25, 30 juillet ; 2, 8, 10, août ; 6, 13 septembre ; 10 octobre ; 17, 30 novembre ; 18 décembre.

Salzberg, Sharon, *Lovingkindness. The Revolutionary Art of Happiness.* Nova Scotia, © Shambhala, 2002 : 21 février ; 23 octobre.

Shabkar, *Shabkar, autobiographie d'un yogi tibétain.* Paris, © Éditions Albin Michel, 1998 : 2, 8 et 29 janvier ; 25 juin ; 6 août ; 25 décembre.

Shantideva, *La marche vers l'Éveil.* Saint-Léon-sur-Vézère, © Éditions Padmakara, 1992 : 5 et 15 janvier ; 13, 29 et 30 mars ; 11 avril ; 14 juin ; 6 juillet ; 10 et 11 septembre ; 2, 4, 8 et 13 octobre ; 1er, 22 et 28 novembre ; 6 et 8 décembre.

Sogyal Rinpotché, *Le livre tibétain de la vie et de la mort.* Paris, © Éditions de La Table Ronde, 1993 : 20 et 25 janvier ; 23 février ; 2 avril ; 7 et 31 mai ; 23 et 24 juillet ; 20 août ; 20 septembre ; 14 décembre.

Chögyam Trungpa, *L'entraînement de l'esprit et l'apprentissage de la bienveillance.* Paris, © Éditions du Seuil, 1998 : 23 juin ; 5 et 28 juillet ; 1er août ; 11 et 16 octobre.

Les auteurs remercient ceux et celles qui ont contribué à l'élaboration de ce livre,
spécialement Anne-Marie Meneux de l'Atelier Föllmi pour sa précieuse contribution
à la création de cet ouvrage ; Céline Moulard, coordinatrice éditoriale et Valérie Roland,
maquettiste aux Éditions de La Martinière ; Christian Bruyat, traducteur des textes
de Joseph Goldstein et Sharon Salzberg ; Rapkar Wangchuk pour sa calligraphie
en pages de garde et Marco Schmid pour l'excellence de son travail de photogravure.

Toutes les photographies de cet ouvrage sont d'Olivier Föllmi
et sont disponibles auprès de l'agence RAPHO à Paris (www.rapho.com).

© 2003 Éditions de La Martinière, Paris (France)
Connectez-vous sur : **www.lamartiniere.fr**
www.follmi.com

Achevé d'imprimer en mai 2005
sur les presses de l'imprimerie Pollina à Luçon - n° L20316a
Photogravure : Actual, Bienne (Suisse)
ISBN : 2-7324-2966-X
Dépôt légal : décembre 2004
Imprimé en France

Maître de ton corps, de ta parole et de ton esprit,

Tu jouiras d'une parfaite sérénité.

Shabkar